Début d'une série de documents en couleur

La Neuvaine de la Chandeleur

Nouvelles Collection Guillaume

CH. NODIER

La Neuvaine
de la Chandeleur

PARIS
LIBRAIRIE LOMI

IL A ÉTÉ TIRÉ DE CET OUVRAGE
25 exemplaires sur papiers de Chine et du Japon

Tous ces exemplaires sont numérotés
et parafés par l'Éditeur

La Neuvaine de la Chandeleur

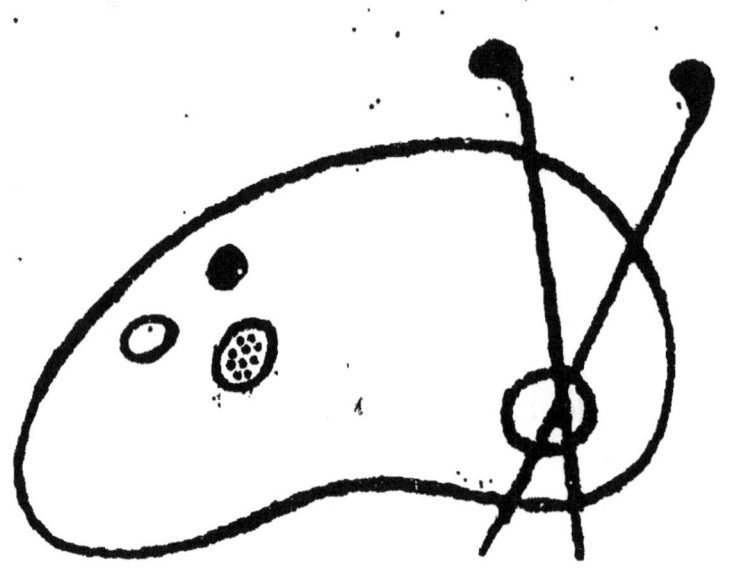

Fin d'une série de documents en couleur

La vie intime de la province a un charme dont on ne conçoit aucune idée à Paris, et qui se fait surtout sentir dans les premières années de sa vie. On peut aimer le séjour de

Paris dans l'âge de l'activité, des passions, du besoin des émotions et des succès; mais c'est en province qu'il faut être enfant, qu'il faut être adolescent, qu'il faut goûter les sentiments d'une âme qui commence à se révéler et à se connaître.

Ce n'est pas à Paris qu'on éprouvera jamais ces émotions incompréhensibles que réveillent au fond du cœur le son d'une certaine cloche, l'aspect d'un arbre, d'un buisson, le jeu d'un rayon du soleil sur la ferblanterie d'un petit toit solitaire. Ces doux mystères du souvenir n'appartiennent qu'au village. J'entendais l'autre jour une femme de beaucoup d'esprit se plaindre amèrement de n'avoir point de patrie : « Hélas ! ajouta-t-elle en soupirant, je suis née sur la paroisse Saint-Roch. »

Dieu me garde de faire un reproche à Paris de cette légère imperfection. C'est moins un vice qu'un malheur, la grande métropole de la civilisation a d'ailleurs, pour se consoler, tout ce qu'il est possible d'imaginer de séductions et d'amusements : l'Opéra, le bal Musard, la Bourse, l'Association des gens de lettres, l'homœopathie, la phrénologie, et le gouvernement représentatif. Je pense seulement que le lot de la province vaut mieux, mais je le pense avec mon esprit de tolérance accoutumé. Il ne faut pas disputer des goûts.

La réminiscence même de ces jeunes et tendres impressions, qui ne se remplacent jamais, conserve encore une partie de sa puissance, même quand on s'est éloigné par infortune ou par choix des lieux où on les a reçues, et cela se remarque aisément dans les écrivains qui ont un style et une couleur. La prose de Rousseau se ressent de la majesté des Alpes et de la fraîcheur de leurs vallées. On devinerait que Bernardin de Saint-Pierre a vu le jour sur des rives toutes fleuries, et qu'il a été bercé au bruit des brises de l'Océan. Sous le langage magnifique de Chateaubriand, il y a souvent quelque chose de calme et de champêtre, comme le murmure de son lac et le doux frémissement de ses ombrages. J'ai quelquefois pensé que Virgile ne serait peut-être pas Virgile, s'il n'était né dans un hameau.

A la province elle seule, à la petite ville, aux champs, ces charmantes impressions qui deviennent un jour la gracieuse consolation des ennuis de la vieillesse, et ces pures amours qui ont toute l'innocence des premières amours de l'homme dans son paradis natal, et ces chaudes amitiés qui valent presque l'amour! Avec un cœur sensible et une imagination mobile, on rêve tous ces biens à Paris. On ne les y goûte jamais. Le Dieu qui parlait à Adam a beau vous crier : « Où es-tu ? » il n'y a plus de voix dans le cœur de l'homme qui lui réponde.

En province tous les berceaux se touchent, comme des nids placés sur les mêmes rameaux, comme des fleurs écloses sur la même tige, quand, au premier rayon du soleil, tous les gazouillements, tous les parfums se confondent.

On naît sous les mêmes regards, on se développe sous les mêmes soins, on grandit ensemble, on se voit tous les jours, à tous les moments ; on s'aime, on se le dit, et il n'y a point de raison pour qu'on finisse de s'aimer et de se le dire.

La différence même des sexes, qui nous impose ici une réserve prudente et nécessaire, mais sévère et sérieuse, n'exclut que bien tard ces intimités ingénues, ces délicieuses sympathies qui n'ont pas encore changé d'objet. Ce sont les passions qui marquent cette différence, et l'enfant n'en a point. L'abandon familier des premiers rapports de la vie se prolonge sans danger jusqu'au-delà de cet âge où le moindre abandon devient dangereux, où la moindre familiarité devient suspecte entre les jeunes filles et les jeunes garçons des grandes villes.

Les affections les plus ardentes continuent à se ressentir de la tendresse du frère et de la sœur, et celle-ci est mêlée de trop d'égards et de pudeur pour que les mœurs aient rien à en redouter. Bien plus, l'adolescent qui commence à deviner le secret de ses sens exerce encore une espèce de tutelle sur cette faible enfant qu'il aime, et que la nature et l'amour semblent confier à sa garde.

Plus il apprend dans la funeste science des passions, plus il se rend attentif à protéger la douce et timide créature dans laquelle il met son bonheur ou ses espérances. Il ne se contente pas de la défendre contre des inspirations étrangères, il la défend contre lui-même, dans l'intérêt d'un avenir qui leur sera commun. Il la respecte, il la craint.

Et combien de voluptés impossibles à décrire cet amour délicat d'une âme qui vient de se connaître ne laisse-t-il pas à désirer à l'âge qui le suit !

Oh ! le premier signe de la

préférence de cette ange de la pensée, le premier regard expressif que la petite amie adresse à son ami entre les deux battants d'une porte qui se ferme, la première articulation de sa voix pénétrante, qui s'est émue, qui s'est attendrie en passant entre ses lèvres, la première impression d'une main livrée à la main qui l'a saisie, la tiède moiteur de son toucher, le frais parfum de son haleine !... et bien moins que cela ! une fleur tombée de ses cheveux, une épingle tombée de son corset, le bruit, le seul bruit de la robe dont elle vous effleure en courant, c'est cela qui est l'amour, c'est cela qui est le bonheur ! Je sais le reste, ou à peu près ; mais c'est cela que je voudrais recommencer ! si on recommençait.

On ne recommence plus ; mais se souvenir, c'est presque recommencer.

On goûte à Paris les doux loisirs de l'enfance ; on y connaît la valeur de ses jeux ; on y jouit de ces délicieuses soirées de rien faire qui suivent les jours laborieux de l'étude ; mais ce n'est qu'en province qu'une heureuse habitude prolonge ces innocents plaisirs, sous l'œil attentif des mères, jusque dans l'ardente saison de l'adolescence. On est homme déjà par la pensée, qu'on est encore enfant par les goûts ; on commence à éprouver d'étranges et turbulentes émotions, qu'on subit toujours à certaines heures d'oubli, des sentiments pleins de grâce et de naïveté.

On se demande quelquefois ce qu'il y a de vrai entre le passé que l'on quitte et l'avenir que l'on commence ; mais on devine en y plongeant un regard inquiet, que l'avenir ne vaudra pas le passé.

Il se trouve même des esprits simples et tendres qui seraient volontiers tentés de ne pas aller plus loin, et qui sacrifieraient sans hésiter les voluptés incertaines du lendemain aux pures jouissances de la veille.

A dix-huit ans, j'aurais fait ce marché bizarre avec l'ange familier qui préside aux changeantes destinées de l'homme, s'il s'était communiqué à mes prières ; et nous y aurions gagné tous les deux, car j'imagine que mon émancipation insensée pourrait bien lui avoir donné quelque chagrin.

Le 24 janvier 18.., je n'en étais point encore là. J'aimais

ces belles jeunes filles, parmi lesquelles je passais les heures les plus douces de la journée, de toute la force d'un cœur accoutumé à les aimer, mais sans fièvre, sans inquiétude et presque sans préférence.

Je me trouvais bien parmi elles ; je me trouvais mieux tout seul, parce que mon imagination commençait à se former, dans la solitude, un type qui ne ressemblait à aucune femme, et auquel une seule femme devait complètement ressembler, quoique j'aie cru le retrouver cent fois.

C'était mon rêve chéri, et, dans le vague immense où il m'était apparu, il me donnait une idée plus distincte du bonheur que toutes les réalités de la vie. Cependant je ne faisais que l'entrevoir à travers mille formes douteuses; mais je le cherchais toujours, et le délicieux fantôme ne manquait jamais à mes rêveries. Tantôt il venait me tirer de ma mélancolie en frappant mon oreille de rires malins, et en balançant sur mon front les noirs anneaux de sa chevelure; tantôt il s'appuyait sur le pied de ma couche d'écolier, en me regardant d'un œil triste, et en cachant sous une touffe de cheveux blonds, une larme prête à couler; et mon cœur gonflé s'élançait vers lui avec des battements à me rompre la poitrine ; car je savais que toute ma félicité consistait dans la possession de cette image insaisissable qui me refusait jusqu'à son nom.

Le 24 janvier 18.., nous étions donc réunis, comme à l'ordinaire, avant l'heure de souper, car on soupait encore, et nous causions en tumulte autour de nos mères, qui causaient plus gravement de matières non moins frivoles : notre conversation roulait sur le choix d'un jeu, question fort indifférente au fond, l'intérêt d'un jeu reposant tout entier dans la *pénitence ;* et qui ne sait que la *pénitence* est l'accomplissement du devoir qui rachète un *gage?* C'est le moment des aveux, des reproches, des secrets dits à l'oreille, et surtout des baisers.

C'est le moment de la soirée pour lequel on vit tout le jour, et celui de tous les moments de la vie qui laisse le moins d'amertume après lui, parce que les sentiments auxquels on commence à s'exercer ne sont pas encore pris au sérieux ; quand on est sorti de là une fois avec une de ces idées orageuses qui tourmentent le cœur, c'est qu'on en est sorti pour la dernière fois ; le plaisir n'y est plus.

— Nous ne serions pas si embarrassés, dit la brune Thérèse, si Claire était arrivée. Claire connait tous les jeux qu'on a inventés, et, quand par hasard elle ne s'en rappelle aucun, elle en invente un sur-le-champ.

— Elle a bien assez d'imagination pour cela, remarqua Émilie en se mordant les lèvres et en baissant les yeux pour se donner l'air de circonspection dont elle accompagnait toujours une petite médisance. On craint même qu'elle n'en ait trop, et j'ai entendu dire qu'elle donnait de temps en temps des marques de folie. Ce serait un grand malheur pour sa famille et pour ses amies.

— Claire ne viendra pas, s'écria Marianne d'un ton de voix pétulant qui annonçait qu'elle ne répondait qu'à sa propre pensée, et qu'elle n'avait pas entendu l'observation désobligeante d'Émilie; elle ne viendra pas, j'en suis sûre ! elle commence aujourd'hui la neuvaine de la Chandeleur.

— La neuvaine de la Chandeleur! dis-je à mon tour; et à quel propos? je ne la savais pas si dévote.

— Ce n'est pas par dévotion, reprit Émilie avec une

gravité méprisante; c'est par superstition ou par ostentation.

J'avais oublié de dire qu'Émilie était philosophe. Tout le monde se mêlait alors de philosophie, jusqu'aux petites filles.

— Par superstition, répéta Marianne, qui ne saisissait jamais qu'un mot de la conversation la mieux suivie. Par superstition, en effet; la superstition la plus capricieuse, la plus bizarre, la plus extraordinaire, la plus extravagante...

— Mais encore? interrompis-je en riant. Tu excites notre curiosité sans la satisfaire.

— Bon ! répondit Marianne en me regardant avec une expression marquée d'ironie, cela est trop stupide pour un savant de votre espèce ! Quant à ces demoiselles, elles n'ignorent pas, j'imagine, que la neuvaine de la Chandeleur est une dévotion particulière des jeunes personnes du peuple, qui a pour objet... Comment dirai-je cela ?

— Qui a pour objet ?... murmurèrent une douzaine de petites voix, pendant que douze jolies têtes se penchaient vers Marianne.

— Qui a pour objet, reprit Marianne, de connaître d'avance le mari qu'elles auront.

— Le mari qu'elles auront !
répétèrent encore les douze
voix sur le mode varié d'in-
flexions que doivent leur fournir douze organisations diffé-
rentes. Et quel rapport le
mari qu'on aura peut-il avoir
avec un acte de dévotion
comme la neuvaine de la Chandeleur ?

— Voilà la question, pen-
sai-je tout bas, et je voudrais bien le savoir ; mais si
Marianne le sait, elle le
dira.

— Vous sentez bien que je
ne le crois pas, continua-t-elle,
et, si je le croyais, je ne m'en
soucierais pas davantage. Que
m'importe à moi, le mari que

que j'aurai, pourvu qu'il soit honnête homme, qu'il soit aristocrate et qu'il soit riche? Mes parents ne m'en donneront pas un autre. Beau ou laid, jeune ou vieux, aimable ou bourru d'ailleurs, il ne pourra pas se dispenser de me conduire dans les sociétés, dans les bals, dans les spectacles, et de fournir, selon ma fortune, aux dépenses de ma toilette. Le mariage, c'est cela, j'imagine? Et puis, je ne m'en inquiète pas de si loin.

— Ni moi non plus, dit Thérèse en rapprochant sa chaise de celle de Marianne. Mais le moyen?

L'impatience était à son

comble, et celle de Marianne ne le cédait pas à la nôtre, car elle prenait plus de plaisir à parler vite et longtemps que personne au monde n'en prit jamais à écouter. Elle promena donc sur cet auditoire empressé un regard de satisfaction qu'elle cherchait à rendre modeste, et elle reprit la parole en ces termes :

— Vous saurez, dit-elle, qu'il n'y a point de dévotion plus agréable à la sainte Vierge que la neuvaine de la Chandeleur, et c'est pour cela qu'on s'est persuadé qu'elle récompensait par une faveur singulière les personnes qui lui rendaient cet hommage. Quant

à moi, je ne le crois pas, et je
ne le croirai jamais; mais
Claire le croit fermement,
parce qu'elle croit tout ce qu'on
veut. Elle est si bonne ! Seulement il y a beaucoup de cérémonies et de façons à cette
expérience, et j'ai peur de
m'embrouiller, si Émilie ne
m'aide un peu. Elle était près
de nous le jour où Claire m'en
a parlé.

— Moi ? repartit dédai-
gneusement Émilie. Je ne
me mêle pas de vos conversations.

— Je ne dis pas que tu t'en
mêles, poursuivit Marianne,
mais tu les écoutes. — Il faut
donc, ajouta-t-elle après avoir

un peu rongé ses jolis doigts, commencer la neuvaine ce soir, à la prière de huit heures, dans la chapelle de la Sainte-Vierge. Il faut ensuite y entendre la première messe tous les jours, et y retourner à la prière tous les soirs jusqu'au 1er février, avec une piété qui ne se soit pas ralentie, avec une foi qui ne se soit pas ébranlée. C'est terriblement difficile. Et puis, le 1er février, c'est bien autre chose, vraiment. Il faut entendre toutes les messes de la chapelle, depuis la première jusqu'à la dernière ; il faut entendre toutes les prières et toutes les instructions du soir sans en manquer une seule. Attendez, attendez ! j'allais oublier qu'il faut aussi s'être confessée ce jour-là, et que si, par malheur, on n'avait pas reçu l'absolution, tout le reste serait peine perdue, car la condition essentielle du succès est de rentrer dans sa chambre en état de grâce. Alors...

— Alors on y trouve un mari ! s'écria Thérèse.

— Tu es bien pressée, répliqua froidement Marianne. Je n'en suis pas encore à la moitié de mes instructions. — Alors on recommence à prier ; on s'enferme pour accomplir toutes les conditions d'une retraite sévère ; on jeûne, et cependant on dispose tout pour un banquet, mais pour un banquet, à dire vrai, auquel la gourmandise n'a aucune part. La table doit être dressée pour deux personnes, et garnie de deux services complets, aux couteaux près, qu'il faut éviter avec un grand soin. Ceci mérite une extrême attention, car il y a des exemples affreux, des malheurs auxquels on s'expose en oubliant cette règle. Je vous le raconterai, si vous voulez, tout à l'heure. Je n'ai pas besoin de vous dire que ce couvert exige un linge parfaitement blanc, aussi propre, aussi fin, aussi neuf qu'on puisse se le procurer, et que le bon ordre, le bon goût du petit appartement ne sauraient trop répondre à la bonne mine du festin, car ce sont des choses qu'on a coutume d'observer quand on reçoit une personne de considération.

— Tu nous parles banquets et festins, interrompit une des jeunes filles, et je n'ai pas encore vu le moindre préparatif de cuisine.

— Je ne peux pas tout dire à la fois, reprit Marianne. Je vous ai prévenues que le repas serait fort simple. Il se compose de deux morceaux de pain bénit qu'on a rapportés du dernier office, et de deux doigts de vin pur répartis entre les deux couverts, qui occupent, comme de raison, les deux côtés de la table. Seulement le milieu du service est garni d'un plat de porcelaine ou d'argent, s'il est possible...

— Nous y voilà donc enfin ! dit la petite fille.

— Et qui renferme, continua Marianne, deux brins soigneusement bénits de myrte, de romarin ou de toute autre plante verte, le buis excepté, placés l'un à côté de l'autre, et non en croix. C'est encore un point qu'il est très essentiel d'observer.

— Ensuite ? demanda Thérèse.

Et le cercle tout entier répéta sa question comme un écho.

— Ensuite, répondit Marianne, on rouvre sa porte pour faire passage au convive attendu, on prend place à table, on se recommande bien dévotement à la sainte Vierge, et on s'endort en attendant les effets de sa protection, qui ne manquent jamais de se manifester, suivant la personne qui les implore. Alors commencent d'étranges et admirables visions. Celles pour qui le Seigneur a préparé sur la terre quelque sympathie inconnue voient apparaître l'homme qui les aimera, s'il les trouve, qui les aurait aimés, du moins, s'il les avait trouvées ; le mari que l'on aurait, si des circonstances favorables le rapprochaient de nous ; et heureuses celles qui le rencontrent !

Ce qu'il y a de rassurant, c'est qu'on prétend qu'un privilège particulier de la neuvaine, est de procurer le même rêve au jeune homme dont on rêve, et de lui inspirer la même impatience de se joindre à cette moitié de lui-même qu'un songe lui a fait connaître. C'est là le beau côté de l'expérience. Mais malheur aux jeunes filles curieuses dont le ciel ne s'est pas occupé dans la distribution des maris, car elles sont tourmentées par des pronostics effrayants. Les unes, destinées au couvent, voient, dit-on, défiler lentement une longue procession de religieuses, chantant les hymnes de l'Église ; les autres, que la mort doit frapper avant le temps, et cela glace le sang dans les veines, assistent vivantes à leurs propres funérailles. Elles se réveillent en sursaut à la clarté des torches funèbres et au bruit des sanglots de leur mère et de leurs amies, qui pleurent sur un cercueil drapé de blanc.

— Je prends Dieu à témoin, dit Thérèse en se retirant un

peu, que je ne m'exposerai jamais à de pareilles terreurs. On tremble seulement d'y penser.

— Tu pourrais cependant t'y exposer sans crainte, répliqua Émilie. Je suis caution que tu dormirais jusqu'au matin d'un bon sommeil, et qu'il faudrait t'éveiller, comme à l'ordinaire, pour prendre ta leçon d'italien.

— C'est mon avis, reprit Marianne, et je serais bien étonnée si ce n'était pas aussi celui de Maxime, qui paraît abimé dans ses réflexions, comme s'il cherchait à expliquer un passage difficile de quelque auteur grec ou latin.

— Je ne sais, répondis-je en revenant à moi, et vous me permettrez de ne pas me prononcer si vite sur une croyance appuyée du témoignage du peuple qui se fonde presque toujours lui-même sur l'expérience. La question vaut bien, selon moi, la peine d'être étudiée ; mais, pardonne, chère Marianne, continuai-je en lui adressant la parole, si les détails que tu viens de nous donner avec ta grâce accoutumée ont laissé quelque chose à désirer à mon esprit. Tu n'as mis en scène, dans ton récit, qu'une jeune fille inquiète de son avenir ; et tu conviendras sans peine que le même doute peut tourmenter l'imagination d'un jeune homme. Penses-tu que la neuvaine de la Chandeleur ne produise son effet que pour les femmes, et que la sainte Vierge n'accorde pas les mêmes grâces aux prières des garçons ?

— Nullement, s'écria Marianne, et je te demande pardon de ma distraction. La neuvaine de la Chandeleur, accomplie dans ce dessein, a la même efficacité pour toutes les personnes à marier, et le sexe n'y fait rien. Aurais-tu l'envie étrange de t'en assurer ?...

— Vraiment, dit Émilie en relevant de côté ses lèvres pin-

cées, il ferait beau voir un
jeune homme raisonnable, qui
recherche la société des gens
éclairés, et dont le père était
l'ami de M. de Voltaire, donner, comme Claire, comme un
enfant honnête, mais sans
instruction, dans ces honteuses
folies !

Je ne répliquai pas, et je
n'aurais pas eu beau jeu contre
Émilie, qui n'avait pas lu
Voltaire, mais qui le citait avec
d'autant plus d'autorité que
personne entre nous ne l'avait
lu. Je me levai doucement,
sous l'apparence de quelque
préoccupation subite : je me
glissai peu à peu derrière le
banc des mères, je m'emparai

de mon chapeau, et je courus à la chapelle de la Sainte-Vierge, pour y commencer la neuvaine de la Chandeleur.

II

Je n'étais pas fort dévot ; je ne pouvais l'être ni par habitude d'imitation, ni par l'effet d'une conviction raisonnée ; mais je trouvais la religion belle, je la croyais bonne, je respectais ses pratiques sans les suivre, j'admirais ses dévouements sans les imiter ; j'avais la foi du sentiment, qui est peut-être la plus sûre, et je professais dès lors une haine instinctive contre cet esprit d'examen qui a tout détruit, ou qui détruira infailliblement tout ce qu'il n'a pas détruit encore. Je ne connaissais, en vérité, aucune objection plausible contre la neuvaine de la Chandeleur.

— Pourquoi cela ne serait-il pas ainsi ? me demandai-je à moi-même quand j'eus fait quelques pas vers l'Église. La nature a vingt mystères plus merveilleux que celui-là, et qu'il n'est jamais arrivé à personne de mettre en doute. Des corps grossiers, et insensibles en apparence, ont entre eux des affinités qui les appellent les uns vers les autres à travers un espace incalculable : l'aiguille aimantée, consultée sous l'équateur, sait de là reconnaître le pôle, un papillon qui vient d'éclore vole, sans se tromper, à sa femelle inconnue ; le pollen du palmier se livre aux vents du désert, et va féconder sur leurs ailes une fleur solitaire qui l'attend. A l'homme seul, si privilégié d'ailleurs entre tous les êtres créés, il serait interdit de pressentir sa destinée, et de se joindre à cette partie essentielle de lui-même que Dieu a mise en réserve pour lui dans les trésors de sa Providence ! Ce serait calomnier la puissance et la bonté du Père commun que de croire à cet oubli. Mais, si l'homme avait perdu cet avantage par une faute dont l'expiation est imposée à toute sa race ! repris-je avec inquiétude... — Eh bien, l'intercession de Marie implorée avec confiance ne suffit-elle pas à le relever de sa condamnation ? A qui appartient-il mieux qu'à la pure et douce Marie de protéger les chastes amours et les penchants vertueux. N'est-ce pas là sa plus belle mission dans le ciel ? Oh ! si le mythe merveilleux qui est caché sous cette croyance du peuple n'est pas vrai comme je le crois vrai, il faut convenir qu'il devrait l'être !

Les esprits froids, qui ne comprennent pas le charme de la dévotion pratique, m'ont toujours beaucoup étonné ; le dédain des œuvres pieuses me paraît encore plus incompréhensible dans ces âmes vives et passionnées pour lesquelles la vie positive n'a pas de sensations assez fortes, et qui sont obligées d'en demander incessamment de nouvelles à l'imagination et au sentiment.

Que sont, grand Dieu ! les hypothèses de la philosophie et des sciences, le prestige des arts et les inventions de la poésie, auprès de cette poésie du cœur qui s'éveille aux inspirations de la religion, et qui transporte la pensée dans une région d'idées sublimes où tout est prodige, et où cependant tout est vérité !

Il faut croire, sans doute ; mais ce qu'il faut croire est mille fois plus probable, mille fois plus facile à croire, s'il est permis de comparer des choses si étrangères, que tout ce qu'il est nécessaire de croire dans les rapports communs de la vie sociale, pour la supporter sans amertume et sans dégoût.

Examinons, au bout de quelques années, les sensations dont nous avons joui avec le plus d'ivresse, et nous n'en trouverons peut-être pas une qui ne soit une erreur et un mensonge ; les illusions que nous avons goûtées, tout en les prenant pour des illusions, n'étaient pas plus fausses, hélas ! que celles que nous avons prises pour des réalités.

Et nous dédaignons la religion, si féconde en joies ineffables, en consolations, en espérances, la religion qui serait encore le bonheur le plus pur et le plus complet de l'humanité, si elle n'était qu'une illusion ! celle-là au moins n'aurait pas les angoisses du désabusement et du regret. On n'en est pas détrompé sur la terre.

J'avais donc rempli, avec une joie nouvelle pour moi, toutes les obligations de la neuvaine, et, comme si l'habitude de ces exercices avait élevé ma raison elle-même, à une hauteur qu'elle n'avait jamais pu atteindre auparavant, je me faisais quelque reproche de m'y être livré dans le seul objet de satisfaire à une curiosité puérile.

C'était, en effet, ma confiance aveugle pour de misérables contes d'enfants qui m'avait inspiré tant d'actes de soumission et de foi dont une piété plus sincère et plus désintéressée se serait fait un devoir, et dont j'osais attendre la récompense, comme si je ne l'avais pas trouvée dans la satisfaction de mon propre cœur.

Ce remords me saisit surtout au moment où, mes préparatifs achevés et ma porte ouverte à l'apparition prochaine, je me disposais à proférer ma dernière prière.

Il est probable que j'y exprimai plus de regrets que de vœux, et je ne sais si cette réparation fut agréée, mais je pus du moins m'en flatter, à la douce sérénité qui rentra dans mes sens, qui calma en un moment toutes les agitations de mon esprit ; j'eus à peine regagné mon fauteuil, que j'y fus surpris du sommeil le plus profond.

Je ne sais combien il dura, ni comment s'éclaircirent les ténèbres dans lesquelles il m'avait plongé ; mais il me sembla tout à coup que j'avais cessé de dormir.

Ma chambre reprit son aspect accoutumé, à la lueur vacillante de mes bougies. Je discernai tous les objets, j'entendis tous les bruits, ces bruits faibles, indéterminés, sans origine sensible, qui semblent ne s'élever un moment que pour rassurer l'âme contre l'envahissement du silence éternel. Le parquet extérieur ne criait pas, mais il rendait un petit murmure, comme s'il avait été caressé d'une touffe de plume ou d'un bouquet de fleurs. Je tournai les yeux vers ma porte, et j'y vis une femme; je voulus m'élancer pour aller la recevoir, et une puissance invincible me retint à ma place. J'essayai de parler, et les paroles restèrent clouées à ma langue. Ma raison ne se perdit pas dans ce mystère; elle comprit que c'était un mystère, et que les prières de ma neuvaine étaient exaucées.

L'inconnue s'approcha lentement, sans m'apercevoir peut-être, comme si elle avait obéi à une sorte d'instinct, d'impulsion irrésistible.

Elle arriva au fauteuil que je lui avais préparé, s'assit et resta ainsi exposée à ma curiosité, dont rien ne réprimait l'impatience, car elle avait toujours les yeux baissés. J'attachai sur elle des regards enhardis par son immobilité, par son silence. Je ne l'avais certainement jamais vue, et j'éprouvai cependant, au milieu de la conscience vague d'un songe, la conviction que cette existence, étrangère à tous mes souvenirs, n'en était pas moins réelle et vivante. L'imagination même de mon âme, épurée par le recueillement et par la prière, ne devait rien produire qui approchât de ce rêve.

Il appartenait à un ordre d'inspirations auquel l'homme ne saurait s'élever de lui-même, et que cette science délicate et choisie de la sensation qu'on appelle aujourd'hui l'esthétique est incapable de contrefaire. Ma métaphysique d'écolier philosophe veillait encore dans son sommeil, mais elle s'humiliait devant l'œuvre de la puissance de Dieu. Je comprenais qu'une création aussi pure et aussi parfaite ne pouvait pas être mon ouvrage.

Je ne parlerai pas de la beauté de cette jeune fille ; on

ne fait pas de portraits avec des mots. J'ai douté quelquefois qu'on pût en faire avec des traits et avec des couleurs. Il y a dans l'ensemble de toutes les formes d'un être animé je ne sais quel jeu de passion et de vie qui ne se reproduit guère mieux sous le pinceau que sous la plume, et ce qui n'est pas moins sûr, c'est que la signification de cet ensemble n'est pas également intelligible pour tout le monde. Chacun la lit selon son aptitude à en démêler les caractères, à en pénétrer le sens, à s'en approprier l'esprit. Quand elle est montée au ton d'une parfaite harmonie avec l'intelligence et la sensibilité de celui qui regarde, elle se sent mille fois mieux qu'elle ne s'analyse, et l'effet en est trop saisissant, trop simultané, pour laisser la moindre place à l'observation des détails.

J'imagine qu'il faut être déjà un peu blasé sur les impressions de l'amour pour s'arrêter à l'effet piquant d'un pli de la lèvre ou du sourcil, d'une dent qui se soulève presque imperceptiblement sur son clavier d'émail, d'une petite boucle de cheveux rebelles, échappée à l'arrangement de la coiffure. Les sympathies puissantes qui décident de la vie tout entière procèdent d'une manière plus soudaine, et on se rappelle que l'apparition de la Chandeleur ne s'accomplit qu'en raison d'une sympathie complète et absolue entre les personnes qu'elle met en rapport. Je ne me demandai pas pourquoi j'aimais cette femme, je ne me demandai pas même si je l'aimais : je sus que je l'aimais. Je me dis ce que dut se dire Adam quand Dieu combla le bienfait de la création en lui donnant une épouse : J'achève d'être ; je suis.

L'étrangère paraissait habillée, comme moi, pour un festin de fiançailles ; mais ses vêtements n'étaient pas familiers aux nouvelles mariées de ma province. Ils me rappelaient ceux que j'avais remarqués plusieurs fois, en pareille circonstance, dans une ville peu éloignée que l'invasion de nos armes et de nos doctrines venait d'attacher à la République.

C'était le costume brillant et gracieux de Montbéliard, que la société la plus élevée du pays conservait encore par tradition dans certaines cérémonies solennelles, et qui est probablement abandonné aujourd'hui par le peuple lui-même.

Elle avait déposé à côté d'elle, sur la table, un de ces petits sacs à mailles d'acier poli dans lesquels les jeunes femmes renfermaient alors ces légers chiffons qu'il leur plaisait d'appeler leur ouvrage, et je n'avais pas tardé à m'apercevoir que sa plaque était décorée de deux lettres relevées en clouterie d'acier, qui devaient être les initiales des deux noms de ma future, mais j'aurais mieux aimé les apprendre tout entiers de sa bouche.

Malheureusement le charme qui m'avait interdit la parole n'était pas rompu, et toutes les facultés, toutes les puissances de mon âme avaient passé dans mes yeux, car ils venaient de rencontrer les siens. La fascination de ce regard céleste aurait suffi d'ailleurs pour me rendre muet. Je concevais à peine la possibilité d'en supporter l'expression sans mourir, et je ne devais sans doute la force de résister à une émotion si vive qu'au privilège de la neuvaine, dont mon esprit n'oubliait point le mystère. C'est que jamais le feu d'une tendresse innocente n'anima des yeux plus doux et ne révéla mieux ces secrets ineffables du pur amour, pour lesquels aucune voix humaine ne saurait trouver des paroles. Cependant un nuage étrange obscurcit tout à coup ses paupières.

Il sembla qu'une notion

confuse de l'avenir qui venait
d'éclore dans sa pensée s'y
manifestait peu à peu sous
une forme plus sensible, et
l'accablait d'une horrible certi-
tude. Son sein palpita, ses cils
s'humectèrent de quelques
pleurs qu'elle cherchait à retenir; elle repoussa doucement
de la main le pain et le vin
que j'avais placés devant elle,
se saisit avec ardeur d'un
des brins de myrte bé-
nit, et le fit passer sous un
des nœuds de son bouquet.
Ensuite elle se leva et reprit
le chemin par où elle était
venue. Je triomphai alors de
l'horrible contrainte qui m'en-
chaînait à ma place, et je m'é-

lançai sur ses pas pour en obtenir un mot de consolation et d'espérance.

— Oh! qui que vous soyez, m'écriai-je, ne m'abandonnez pas à l'horrible regret de vous avoir vue et de ne pouvoir vous retrouver! Songez que mon avenir dépend de vous, et ne faites pas un malheur éternel du plus doux moment de ma vie! Apprenez-moi du moins si je pourrai presser une fois encore cette main que je couvre de larmes, si je pourrai vous voir encore une fois!..

— Une fois encore, répondit-elle, ou jamais!... Jamais! répéta-t-elle avec un cri douloureux.

En parlant ainsi, elle s'é-chappa. Je sentis mes forces me manquer et mes jambes défaillir. Je cherchai un point d'appui ; je m'y fixai, je m'y abandonnai sans résistance.

Le plus obscur des voiles du sommeil avait remplacé sur mes yeux le voile transparent des songes. Je ne fus réveillé qu'au grand jour, par les éclats de rire d'un domestique qui enlevait les apprêts de ma collation nocturne, et qui attribuait cet appareil à des fantaisies de somnambule, auxquelles j'étais en effet sujet. Je ne m'en défendis pas, mais j'oubliai de m'assurer, dans mon trouble et dans ma confusion, si les deux brins de myrte avaient été retrouvés ; c'était la seule circonstance qui pût donner à mon rêve une espèce de réalité positive, ou la lui faire perdre.

Dans le doute, un esprit plus grave que le mien se serait abstenu ; il aurait regardé l'étrange illusion de la nuit précédente comme l'effet d'une longue préoccupation, de l'imagination, du jeûne, et on est libre de croire que ce n'était pas autre chose.

Mais un amoureux de vingt ans, qui aime pour la première fois, n'est pas capable de tant de raisonnements. Et j'aimais de toute la puissance de mon cœur, et avec frénésie, cette jeune fille inconnue qui peut-être n'existait pas.

III

Je n'étais pas d'un caractère qui se déprit facilement des idées dont il s'était fortement occupé une fois. Celle-là devint mon idée fixe, l'unique pensée de ma vie; le seul but de ma destinée. J'abandonnai tout à fait ce monde innocent et doux dans lequel s'étaient renfermés jusque-là mes habitudes et mes plaisirs ; je cherchai la solitude, parce que la solitude était la seule manière d'être où je pusse m'entretenir librement avec moi-même de mes vœux et de mes espérances. A quelle docile amitié, à quelle crédulité complaisante aurais-je osé les confier ?

Il me semblait, dans mon délire, qu'une circonstance prochaine, presque aussi imprévue que celle qui m'avait montré ma fiancée imaginaire, ne tarderait pas à la ramener sous mes yeux ; je l'attendais, je croyais la rencontrer dans toutes les femmes inconnues que le hasard me faisait apercevoir de loin, et partout elle m'échappait comme dans le rêve où je l'avais vue. Cette succession perpétuelle d'illusions et de désabusements finit par prendre un ascendant funeste sur mon esprit ; elle était devenue une manie assidue, invincible, inexorable. Ma raison et ma santé cédèrent à la fois, et la médecine, vainement appelée à mon lit de douleur, renonça en peu de jours à l'espoir de me guérir. La médecine ne pouvait deviner la cause de mon mal, et une juste pudeur m'empêchait de l'avouer.

Je n'avais cependant négligé aucun moyen de découvrir ma mystérieuse amie. Les initiales du sac en filet d'acier n'étaient pas sorties de ma mémoire, et je les avais fait connaître, sous la réserve d'un profond secret, à un de mes jeunes camarades d'étude qui habitait Montbéliard, en y joignant le portrait le plus circonstancié de la jeune fille dont elles devaient exprimer le nom.

La description ne pouvait pas manquer de ressemblance : les traits, hélas ! en étaient trop profondément empreints dans mon cœur, où je sens qu'ils vivent encore. Quant au danger de l'exagération, rien n'était moins à craindre. Quelle expression, quel langage paraîtrait exagéré à ceux qui l'auraient vue?

La réponse avait tardé longtemps. Elle vint tout à coup ranimer mon cœur dans un de ces moments d'angoisse extrême où mes forces épuisées ne semblaient plus capables de lutter avec la mort.

L'être idéal que j'avais rêvé dans la nuit de la Chandeleur existait réellement ; la ressemblance était parfaite. On avait reconnu la personne que je désignais avec tant de soin, à tous les traits de ce signalement fidèle, et même à un petit signe empreint derrière le cou, qu'elle m'avait laissé apercevoir dans sa fuite.

Elle s'appelait Cécile Savernier, et ces noms commençaient par les deux lettres que je me souvenais si bien d'avoir lues sur le sac en mailles d'acier. Elle habitait ordinairement, seule avec son père, une maison située à quelque distance de la ville, et c'était cette particularité qui avait rendu les informations plus difficiles et plus lentes. Depuis quelque temps ils étaient rentrés à Montbéliard, où les grâces et la beauté de Cécile faisaient l'objet de toutes les conversations.

Mon officieux condisciple, qui regardait ces renseignements comme les préliminaires d'une demande en mariage dans laquelle j'avais consenti à servir d'intermédiaire, se croyait obligé d'insister sur les qualités incomparables de mademoiselle Savernier ; mais il finissait par ajouter, non sans exprimer quelque regret, qu'elle avait peu de fortune.

Cette circonstance ne me fut pas moins agréable que les autres ; car ma fortune ne me permettait pas d'aspirer à un mariage opulent, et il n'y avait d'ailleurs rien de plus éloigné de ma manière de comprendre le mariage.

Je n'avais plus rêvé. Mon illusion prenait un corps, ma chimère devenait une réalité. C'était Cécile Savernier que j'aimais, et Cécile n'était plus l'enfant capricieux de mes songes.

Elle existait à quelques lieues de moi ; je pouvais, je devais la trouver, et passer près d'elle, avec elle, une vie tout entière, douce comme la première pensée de l'amour.

Ma langueur disparut avec mes inquiétudes; ma santé se raffermit ; il ne me resta de mon mal qu'un peu de trouble et de faiblesse, et mon père, consolé, plus heureux de jour en jour, se réjouit enfin de l'espoir assuré de ma guérison.

Un jour qu'il pressait ma main avec tendresse, appuyé sur le lit que je n'avais pas encore quitté :

— Dieu soit loué ! me dit-il, tu as su triompher de ta douleur, et tu me rendras mon fils ! je t'en remercie.

— Ma douleur, répondis-je en me rapprochant de lui pour l'embrasser, croyez-vous en avoir le secret ?...

— Oh ! reprit-il en souriant, tous les chagrins de ton âge viennent de l'amour, je les ai connus comme toi. Je vois aujourd'hui d'assez loin ceux qui ont tourmenté ma jeunesse pour n'y penser qu'avec dédain : mais je sais qu'ils peuvent être mortels. Aussi n'aurais-je pas hésité à voler au-devant de tes vœux s'ils avaient pu être remplis. Je te félicite d'avoir pris ton parti contre un malheur inévitable que l'avenir ne tardera pas à réparer, et que tu compteras gaiement un jour parmi les folles déceptions d'une imagination de dix-huit ans. Promets-moi seulement de me mettre le premier dans ta confidence, quand un nouveau sentiment surprendra ton cœur. Nous en parlerons sérieusement ensemble, comme deux amis, dont l'un a sur l'autre l'avantage de l'expérience, et je m'engage, si tu persistes, à ne rien épargner pour te rendre heureux ! Dis-moi sincèrement, cher enfant, si cet arrangement te convient.

Je saisis la main de mon père, et je la portai à mes lèvres.

— Vous êtes le meilleur des pères, répliquai-je, et votre fils ne l'a pas oublié un moment ; mais êtes-vous bien sûr de ne pas vous tromper sur la cause de ma maladie ? Je ne comprendrais pas que vous l'eussiez devinée !...

— Cela n'était pas si difficile que tu te l'imagines, dit mon père avec un nouveau sourire. C'était l'amour, et tes regards ou ton silence me l'ont dix fois avoué. Il ne s'agissait plus que d'en chercher l'objet parmi les jeunes filles qui font partie de notre société habituelle. Ce n'était pas Thérèse ; elle est trop légère et d'un esprit trop superficiel pour t'occuper. Ce n'était pas Marianne, dont le babillage t'amuse, mais qui n'a ni solidité dans l'esprit, ni tendresse réfléchie dans l'âme, et qui n'est bonne que par instinct. Ce n'était pas Émilie, qui est froide, pincée, raisonneuse, et qui a appris à lire dans le baron d'Holbach. Ce ne pouvait être que ta cousine Claire, qui est jolie, qui est simple, qui est modeste, et dont l'exaltation naïve s'accorde assez bien avec le tour de ton esprit. Crois-tu que je m'entende si mal à deviner ?

— Claire ! m'écriai-je dans une sorte d'élan qui put tromper mon père, car il était bien loin d'en connaître le sujet.

C'était précisément cette jeune fille qui avait fait la neuvaine de la *Chandeleur* en même temps que moi, et dont l'exemple m'avait suggéré cette idée.

— En vérité, continuai-je après un moment de réflexion, vous avez eu raison de supposer que je préférais Claire à toutes les autres. J'aime Claire comme amie, comme parente, comme une personne excellente qui sera, j'espère, une digne femme et une digne mère ; mais je n'ai jamais pensé à la faire ma femme et la mère de mes enfants !... Croyez, je vous prie, à la sincérité de mes paroles.

Mon père me regarda d'un air étonné.

— Je n'ai aucune raison pour en douter, me dit-il ; mais ta réponse a trompé mes conjectures. Ce n'est donc pas le mariage de Claire qui t'a réduit à cet état de mélancolie auquel je t'ai vu près de succomber, et qui m'a causé tant d'affreux soucis ?...

— Claire se marie ! repartis-je en me soulevant sur mon

lit... Claire se marie, dites-vous... Oh ! rassurez-vous, mon ami ! je ne vous ai pas trompé. Ce transport n'est que de la joie : puisse ce mariage être conforme aux intentions du ciel, et la combler d'un parfait bonheur !...

— Je le souhaite, reprit mon père, et j'aime à l'espérer, quoiqu'il ait quelque chose de fort extraordinaire. Claire avait refusé cette année trois établissements très avantageux, et sa mère la croyait disposée à embrasser la vie religieuse, dont elle suivait les pratiques avec une singulière ardeur, quand un jeune homme inconnu, presque arrivé de la veille, a obtenu son consentement dès le premier entretien. Les renseignements ont été favorables, et les deux familles se sont promptement trouvées d'accord. Claire se trouve heureuse de cette union, que la sainte Vierge lui prépare, dit-elle, depuis le jour de la *Chandeleur*. Tu reconnais là cette imagination mystique et romanesque à la fois, qui m'avait fait croire à quelque sympathie entre vous.

— Je vous proteste, mon ami, que je comprends à merveille le mariage de Claire, et que je ne pense pas qu'elle en eût jamais pu faire un meilleur.

— A la bonne heure, répliqua-t-il en éclatant de rire, et cela dépend de votre manière de voir à tous deux. Mais nous ne parlons pas du tien ?

— Pensez-vous qu'il soit déjà temps de s'en occuper ? Je n'ai pas vingt ans !

— Entre nous, c'est une affaire qui te regarde ; mais pourquoi pas ? Je me suis marié trop tard, ou les années ont coulé trop vite, et je laisserais à goûter les plus douces joies de la vie si je mourais sans avoir été aimé d'une fille que tu m'aurais donnée, sans avoir joué avec des enfants, sans confier le souvenir de mes traits et celui de ma tendresse à la mémoire d'une génération nouvelle qui sera sortie de moi. C'est là, mon ami, l'immortalité matérielle de l'homme, la seule que la faiblesse de nos organes et de notre intelligence nous permette de pressentir clairement. L'autre est un grand mystère que la religion et la philosophie s'abstiennent prudemment d'expliquer. Ton mariage, à toi, est donc devenu l'objet principal de mes pensées, de mes espérances, et je dirai franchement que je m'en suis beaucoup occupé depuis la *Chandeleur* dernière...

— Depuis la *Chandeleur*, mon père !...

— Depuis la *Chandeleur*, répliqua-t-il en témoignant un peu de surprise et en me regardant fixement. C'est le temps où les idées de mariage commencent à fermenter, avec la jeune saison, dans le cœur des jeunes gens, et viennent éveiller la sollicitude des pères, car il y a entre les uns et les autres de secrètes harmonies d'instinct et de prévoyance ; mais je me rappelle que cette date a pu te remettre en mémoire la folle préoccupation de notre pauvre Claire. Ce qu'il y a de certain, c'est que j'ai conçu le même projet pour toi à la même époque, et selon toute apparence à l'insu de la sainte Vierge. Si j'ai négligé de t'en parler, tu en connais les raisons. Alors commençait pour toi cette longue période de maladie dont tu es à peine sorti, et qui m'a fait craindre pour ta vie. Si l'amour n'est pour rien dans tes souffrances, nous sommes encore à temps aujourd'hui pour parler de mes vues, mais sans qu'elles puissent tirer à conséquence le moins du monde, au cas où elles auraient le malheur de contrarier les tiennes ; car j'entends expressément que ton choix et ton établissement restent libres, et je ne me départirai jamais de cette promesse.

— Vous me comblez de reconnaissance et de joie, m'écriai-je en m'asseyant sur mon lit et en rajustant mes habits, car je sentais mes forces se raffermir avec l'espoir de retrouver et d'obtenir Cécile. J'attends de votre tendresse que vous ne m'imposerez point un engagement auquel je ne puis souscrire, et que je ne saurais contracter sans violer les plus saintes obligations. Je vous jure de mon côté, mon unique et parfait ami, que je n'aurai jamais de secret pour votre cœur, et que je ne ferai entrer de ma vie dans votre maison une fille que vous n'aurez pas adoptée d'avance.

....

— Comme tu voudras, dit mon père ; et cependant cette idée, dont il faut bien que je te fasse le sacrifice, était le plus doux des rêves de ma vieillesse. Laisse-moi du moins t'en parler pour la dernière fois. Je n'ai peut-être jamais prononcé devant toi le nom d'un de ces amis d'enfance dont le souvenir rappelle un jour les seules amitiés réelles que l'on ait goûtées dans la vie, les amitiés sincères et désintéressées du collège. Celui-là n'était pourtant pas sorti de ma mémoire ; mais une grande différence de vocation, d'habitudes et de domicile semblait nous avoir séparés pour toujours. Il était devenu colonel d'artillerie; il émigra, et cette dernière circonstance rendit notre éloignement plus irrévocable : car j'avais suivi, comme tant d'autres, le mouvement de la révolution, quand j'étais loin d'en prévoir encore le but et les résultats. Heureusement cette direction passagère d'un esprit trompé par les apparences m'avait valu un crédit politique que j'ai eu la consolation de voir quelquefois utile. Mon ami, désabusé à son tour d'un autre genre d'erreurs, regrettait le séjour de la patrie, toujours si chère aux cœurs bien nés. Je parvins à obtenir sa radiation et à lui rendre ses foyers, le champ paternel et l'air natal. Nous ne nous sommes pas revus depuis; mais ses lettres ne cessent de me témoigner une tendre reconnaissance qui récompense bien doucement mes efforts. Des confidences réciproques nous ont mis au fait des plus petits détails de notre intérieur et de notre fortune. Mon vieil ami Gilbert sait que j'ai un fils sur lequel repose tout mon avenir, et que des rapports multipliés lui ont fait connaître, dit-il, sous le point de vue le plus avantageux; il a une fille de seize ans dont l'éloge est dans toutes les bouches, et qui fera certainement le bonheur de son mari comme elle a fait celui de son père. Je ne te cache point que nous avions vu dans cette union projetée un agréable moyen de nous réunir pour le reste de nos jours, chacun de nous deux étant bien décidé à ne pas quitter son unique enfant. C'était une vie d'élection que nous nous étions préparés dans notre folle confiance, tant il est vrai qu'on s'abuse à tout âge, et que la vieillesse, mûrie par l'expérience des choses, ne se laisse pas moins entraîner à ses illusions que l'adolescence elle-même. Cette perspective était délicieuse, il faut y renoncer !

— Pardon, mon père, mille fois pardon ! Pourquoi le ciel m'a-t-il condamné à si mal reconnaître votre tendresse ?

— Rassure-toi, me dit-il, j'oublierai facilement, quelque joie que je m'étais promise à voir mes espérances réalisées, pour ne plus penser qu'aux tiennes. — Et c'est vraiment dommage, car Cécile Savernier passe pour la plus jolie fille d'un pays où on a le droit d'être difficile.

— Cécile Savernier ! m'écriai-je en m'élançant de mon lit, Cécile Savernier ! O mon père ! vous ai-je bien entendu ?...

— A merveille, répondit-il;

Cécile Savernier, fille de Gilbert Savernier, ancien colonel d'artillerie, demeurant à Montbéliard, département du Mont-Terrible. C'est d'elle que je te parlais.

Je tombai aux pieds de mon père dans un état d'agitation impossible à décrire; je m'emparai de ses mains; je les couvris de mes baisers, de mes larmes; je restai longtemps sans retrouver la parole ni la voix. Mon père, inquiet, me releva, me pressa contre son cœur, m'interrogea dix fois avant que j'eusse la force de me faire entendre.

— Cécile Savernier! c'est elle, c'est elle, mon père! criai-je enfin d'une voix étouffée. C'est elle que je vous demandais à genoux !

— En vérité ? répliqua-t-il. Alors tes vœux seront facilement exaucés, puisque l'affaire est presque toute faite ; mais te crois-tu bien assuré de cette résolution ? Sur quoi est-elle fondée ? Où peux-tu avoir vu Cécile ? Où peut-elle t'avoir connu ? Montbéliard est la seule ville de France où elle ait paru depuis son retour de l'étranger, et, quand tu traversais ce pays, il y a deux ans, je suis positivement certain qu'elle n'y était pas encore.

Je rougis. Cette question touchait de trop près à un secret que je n'avais pas la force de révéler, et dans lequel mon père pouvait ne voir qu'une illusion ou un mensonge.

— Croyez, lui répondis-je, que j'ai vu Cécile, et que je suis autorisé à penser qu'elle ne repoussera pas mon amour. Sur les circonstances ou l'événement qui nous ont rapprochés un instant, soyez assez bon, je vous prie, pour ne pas m'en demander davantage.

— Dieu m'en garde! reprit-il en m'embrassant. Je respecte trop ce genre de mystère pour t'enlever le mérite de la discrétion. *Il est des nœuds secrets, il est des sympathies qui ne sont connues que des amants, et qu'on devine mal* à mon âge. Celle-ci répond si bien à mes désirs, que je n'ai aucun intérêt à m'informer de son origine. Pourquoi, d'ailleurs, ajouta-t-il en riant, la sainte influence qui se fait sentir depuis quelque temps dans les affaires de ma famille n'y aurait-elle pas ménagé deux mariages au lieu d'un ? Occupons-nous seulement du tien, qui s'accomplira sans remise aussitôt que tu seras gradué. — Ce délai paraît t'effrayer, mais il n'est pas si long que tu l'imagines. Tes succès dans les écoles font depuis plusieurs années mon bonheur et ma gloire, et le temps que ta maladie t'a fait perdre sera promptement regagné. Tu conçois qu'il te conviendrait mal de te présenter à l'acte le plus solennel de la vie sans y porter en dot un titre honorable et sérieux. Ne t'alarme pas, au reste, des rigueurs d'une séparation dont j'éloigne un peu le terme, et qui rendra ta félicité plus parfaite ; car le bonheur qu'on espère est le bonheur le plus sûr de la vie. Il est d'ailleurs tout à fait conforme aux bienséances que tu voies ta future et son père avant de pousser plus loin les choses, et que tu obtiennes un aveu plus positif encore que celui dont nous nous flattons tous les deux. Puisque voilà ta convalescence en bon train, j'espère qu'un mois de séjour à Montbéliard ne peut que l'affermir, et tu assisteras à la noce de Claire en passant, car elle se fait à moitié chemin, dans sa jolie maison du bois d'Arcey. Qu'en dis-tu ? Cet arrangement te convient-il ?

Je me jetai dans ses bras; il me baisa sur le front, rentra dans son cabinet, et en sortit bientôt avec une lettre à l'adresse du colonel Savernier.

Je partis le lendemain pour Montbéliard, plus heureux qu'on ne peut le dire. — Qu'est-ce, mon Dieu, que les joies de l'homme ?

IV

J'ai dit que l'étrange illusion qui remplissait toute ma vie, qui absorbait toutes mes pensées, depuis la nuit de la *Chandeleur*, était devenue équivalente pour moi aux vérités les plus positives. Le résultat de mes recherches lui avait donné une extrême ressemblance. Le concours inattendu des projets de mon père avec l'époque et les circonstances de mon rêve le faisait sortir de la classe des rêves ordinaires. Ce n'était plus un rêve ; c'était une révélation ; Dieu lui-même, touché de la soumission de mes prières, m'avait choisi l'épouse que j'allais chercher. Cette idée augmentait mon bonheur de toute la sécurité dont le bonheur passager des hommes a besoin pour être réellement quelque chose.

Disposé par caractère à recevoir facilement l'impression du merveilleux, je m'abandonnai sans résistance à celle-là. Les cœurs qui ressemblent au mien n'auront pas de peine à me comprendre.

J'embrassais pour la première fois la pensée d'un bonheur dont rien ne paraissait troubler la sérénité ; je volais vers Cécile dans toute la confiance, dans tout l'abandon de mon cœur ; et, par une singulière rencontre qui me semblait faite exprès pour moi, la fin de ce doux hiver avait pris tout à coup les grâces et jusqu'à la parure du printemps.

Les frimas avaient disparu

de la base à la cime des montagnes ; un air tiède et embaumé circulait à travers les massifs toujours verts des sapins ; les pousses précoces des autres arbres commençaient à se colorer de ces nuances d'un rouge vermeil qui peignent les bourgeons pressés d'éclore ; et de petites fleurs, inconnues de la saison, émaillaient la mousse comme une semence de perles.

Nous n'étions cependant qu'à la fin de janvier, et je fus frappé d'un étrange saisissement quand je remarquai que le jour de la noce de Claire était précisément le jour de la *Chandeleur*. J'arrivai à temps pour assister à la célébration : une joie modeste et religieuse, sans mélange d'aucune inquiétude, remplissait tous les esprits ; la physionomie des mariés exprimait un contentement parfait, mais céleste, car il était calme et recueilli.

Le jeune homme était beau, plein de tendresse et de prévenances, et toutefois sérieux, de sorte qu'on l'aurait moins pris pour l'heureux fiancé de la veille que pour un ange envoyé comme témoin, par le Seigneur, au mariage d'une chrétienne.

Lorsque la cérémonie fut achevée, je m'approchai de ma

cousine, et je lui dis doucement, en portant sa main à mes lèvres :

— J'aime à croire, petite amie, que cet époux est celui qui t'a été annoncé dans la veillée de la *Chandeleur*.

Claire éleva les yeux sur moi en rougissant, avec un regard qui semblait dire : — Comment savez-vous cela ?... — et puis elle me répondit en me pressant la main :

Je n'en aurais pas épousé un autre.

Oh ! non, sans doute, car elle savait bien que cette destinée de sa vie, c'était Dieu qui la lui avait faite. Je me sentis agité d'une émotion délicieuse et impossible à décrire, en songeant qu'une pareille félicité m'était promise.

Pendant que les fêtes du mariage de Claire me retenaient au bois d'Arcey un peu plus longtemps que je n'aurais voulu, mon excellent père avait prévenu le colonel Savernier sur ma visite, dont celui-ci, curieux de me connaître d'abord, n'avait pas jugé à propos d'avertir Cécile.

Lorsque j'eus présenté ma lettre au colonel, il se contenta d'y jeter un regard et un sourire, et venant à moi les bras ouverts :

— Je n'ai pas besoin, me dit-il avec une tendre cordialité, de m'informer de ton nom ; tu ressembles tellement à l'ami de ma jeunesse, qu'il me semble le voir encore quand toutes les matinées rappelaient un de nous deux auprès de l'autre. Tu es seulement un peu plus grand. Sois le bienvenu, mon garçon, comme un ami, comme un fils, si ton cœur parvient à se faire entendre, ainsi que je l'espère, de celui de ma Cécile. Et puis maintenant, assieds-toi et repose-toi, pendant que je lirai la lettre de ton père, et que je te considérerai plus à mon aise.

La douceur de cet accueil fit venir à mes paupières quelques douces larmes, que je cherchai à réprimer en promenant ma vue sur l'intérieur de l'appartement : un chapeau de paille, garni d'un frais ruban bleu de ciel, était pendu à un clou : c'était celui de Cécile.

Une harpe était placée dans un des angles du salon ; c'était la harpe de Cécile.

Un sac à mailles d'acier avait été abandonné négligemment sur un fauteuil voisin du mien, et j'y distinguais aisément le chiffre en clouterie qui m'avait frappé dans la nuit de ma vision ; c'était le chiffre de Cécile...

Et cependant, si ce n'avait pas été Cécile !... Cette

idée, qui ne m'était pas encore venue, surprit tout à coup mes esprits et me glaça de terreur.

Je me trouvais engagé de la manière la plus sacrée, la plus irrévocable, par les vœux que j'avais exprimés à mon père, par la démarche que je faisais auprès de M. Savernier, et mon aveugle précipitation n'aboutirait peut-être qu'à me séparer pour toujours de l'épouse qui m'était promise.

Un frisson mortel parcourait mes membres, quand j'aperçus loin de moi un portrait de jeune femme coiffée d'un chapeau de paille ; je recueillis toutes mes forces pour y courir, persuadé que la maladresse même d'un peintre de village ne serait pas parvenue à me dissimuler entièrement des traits si bien empreints dans mon cœur.

J'arrivai, je restai pétrifié de désespoir; la foudre, tombée sur ma tête, ne m'aurait pas accablé d'un coup plus cruel. C'était le portrait d'une femme charmante, dont la physionomie avait quelque rapport avec celle de ma Cécile imaginaire.

Ce n'était pas elle.

Mes jambes fléchissaient sous moi, quand le bras de M. Savernier, passé autour de mon corps, me soutint.

— Hélas ! me dit-il en

essuyant une larme, tu ne verras plus celle-là ! c'est Lidy, ma belle et douce Lidy ! c'est la mère de notre Cécile ! Puisses-tu ne jamais éprouver comme moi l'horrible douleur de survivre à ce que tu aimes !...

Je me retournai vers lui, je m'appuyai sur son sein, et je baignai ses joues de mes pleurs, mais sans démêler, dans mon émotion, s'ils étaient produits par l'attendrissement ou par la joie. Il n'y avait plus rien qui démentit mes espérances, il n'y avait plus rien qui ne parût les confirmer. Mon effroi s'évanouit.

— Oui, tu seras mon fils,

reprit M. Savernier d'un ton de résolution solennelle, tu seras mon fils, car tu as une âme ! Tu seras l'époux de Cécile, si elle y consent. Et pourquoi n'y consentirait-elle pas ? ajouta-t-il en me regardant avec complaisance et en m'embrassant encore. Je n'avais réellement pas encore remarqué que tu fusses si bien.

— Causons maintenant, continua-t-il en me faisant asseoir et en prenant ma main dans la sienne. Les bienséances ne permettaient pas que tu logeasses chez moi, mais nous nous y verrons tous les jours, pendant le temps que tu as à passer à Montbéliard avant d'aller reprendre tes études. La douce intimité qui doit précéder un engagement sérieux et inviolable s'établira d'elle-même. Il ne faut pas procéder légèrement dans les affaires de la vie entière et de l'éternité. Cette époque d'épreuves a d'ailleurs un charme que le bonheur lui-même fait quelquefois regretter, et j'imagine que ton père te l'a dit comme moi ; et puis elles ne seront ni longues ni rigoureuses, car les vieillards ont encore de meilleures raisons que les jeunes gens pour se hâter d'être heureux. Je te parle en tout ceci comme si

je n'avais point de doute à
former sur un consentement
réciproque entre la jeune fille
et toi, et Dieu me garde de me
tromper ! Mais j'y suis autorisé
par les communications que
ton père m'a faites, et dont il
résulte, à mon grand étonne-
ment, que tu aimes déjà ma
Cécile. Ce qu'il y a de plus
étrange, s'il est possible, c'est
que son cœur naïf, qui ne m'a
jamais rien caché, se sent en-
traîné vers toi du même penchant, quoique vous ne vous
soyez jamais vus... à moins
pourtant que ma vigilance
n'ait été déjouée par quelqu'un
de ces artifices que la jeunesse
pratique d'instinct et que la

vieillesse oublie. Ah! je te le déclare, c'est là un point sur lequel je désire avec ardeur des éclaircissements, et ma bonne et franche amitié pour toi me donne quelque droit à les obtenir!...

Le colonel me regardait fixement, et le trouble où sa question me plongeait ne pouvait pas lui échapper. Je baissai les yeux, j'hésitai, je cherchai une réponse, et je ne la trouvai pas.

— Je jure sur l'honneur, monsieur, répondis-je enfin, que je n'ai jamais vu Cécile, que je n'ai jamais vu son portrait, que je n'ai jamais eu l'audace de lui écrire, que son nom m'était connu depuis deux jours à peine, quand mon père l'a prononcé devant moi. Cependant je l'aime depuis près d'un an, je l'aime pour toute ma vie ! Je l'aime plus encore que je ne me croyais capable d'aimer, du moment où vous avez daigné m'apprendre que nos âmes s'étaient entendues ! Voilà la vérité, monsieur ! Le reste est pour moi-même un incompréhensible mystère.

— Incompréhensible, en effet, reprit M. Savernier d'un air soucieux, tout à fait incompréhensible, car je ne suppose pas que tu puisses mentir !... Et cependant...

— Et cependant je ne vous ai rien déguisé : j'en prends à témoin la puissance inconnue qui m'a ménagé tant de félicités, et qui a jeté dans mon sein l'amour dont je viens demander le prix. N'est-il donc point d'exemple de ces sympathies qui s'emparent de nous à l'insu de nous-mêmes, et qui nous entraînent avec toute la véhémence d'une passion ? La Providence, qui veille au bonheur à venir des familles, n'a-t-elle jamais préparé, dans le trésor de ses grâces, de semblables rapprochements ? Ce qu'elle a fait pour tous les êtres créés, ne l'a-t-elle jamais fait pour l'homme ? C'est ce que j'ignore profondément, et c'est pourtant ce qu'il faut que je croie, car je n'ai point d'autre explication à vous donner.

— Bon ! bon ! reprit le colonel. C'est qu'on jurerait qu'ils se sont concertés ; ne faudra-t-il pas croire maintenant qu'ils se sont vus et aimés en rêve ? Si le secret de ce genre de rendez-vous vient à se répandre, c'en est fait pour toujours de la surveillance paternelle. Je la mets bien au défi d'aller jusque-là. Qu'importe, au reste, ajouta-t-il, pourvu que vous vous aimiez, puisque je ne souhaite pas autre chose ? Voilà ce que nous saurons tous avant peu d'une manière plus positive, car tu dineras avec Cécile... demain.

— Demain ! m'écriai-je.

Et je ne tardai pas à regretter cette expansion indiscrète ; mais je m'étais flatté de l'espoir de la voir plus tôt.

— Demain, dit-il en souriant. C'est plus tard que tu ne voudrais, mais ce délai n'est pas assez long pour te causer une véritable affliction. Ce demain, si redoutable pour les amants, n'est l'éternité que pour les morts. Je n'avais pas voulu prévenir Cécile de ton arrivée ; je m'étais réservé le plaisir de découvrir, à votre première entrevue, quand je te

connaîtrais déjà un peu, ce
qu'il y a de réel dans votre
sympathie, et j'ai saisi volontiers l'occasion de tenir ma
fille éloignée à l'instant où je
t'attendais. Une nombreuse
famille catholique du pays
dans laquelle Cécile ne compte
pas moins de six amies, toutes
sœurs, solennise aujourd'hui
l'anniversaire de naissance
d'une bonne aïeule qui est ma
vieille amie, à moi. Comme
les longues retraites de la
Chandeleur sont finies, et que
le temps qui nous reste à
passer d'ici au carême est
consacré, par un usage immémorial, à des divertissements
plus ou moins innocents, mais

que la piété même ne s'interdit pas, on dansera, on se réjouira, on se déguisera, je crois même qu'on sera masqué. Ne t'effraye pas, mon garçon : le programme de la fête n'admet que les femmes, et aucun homme n'y sera reçu, mari, père ou frère, avant l'heure où il convient que les douces brebis rentrent au bercail. En attendant, nous allons dîner tête à tête, car voilà Dorothée qui nous appelle...

Notre petit repas fut aussi agréable et aussi gai qu'il pouvait l'être sans Cécile, car M. Savernier était d'un caractère cordial et enjoué, comme la plupart des hommes d'un certain âge dont la vie a été bonne et honnête. Lorsque nous fûmes près de quitter la table :

— Sais-tu, me dit-il tout à coup, qu'il me vient une idée dont tu me sauras probablement quelque gré, car ton impatience s'est trahie tout à l'heure par un mouvement sur lequel je ne me suis pas mépris. Nous essayerons au moins de la tromper jusqu'à demain, puisque demain te paraît si loin, et en voici le moyen. J'ai dû te rassurer sur la composition de la petite société dont ma fille fait aujourd'hui partie, en t'affirmant que les parents seuls y sont reçus, et cela est exactement vrai ; mais cette règle n'est pas si rigoureuse que je ne puisse la faire fléchir en ta faveur. J'entrerais seul d'abord, et en quelques mots d'entretien j'aurais sans doute aplani toutes les difficultés. Un domestique, aposté d'avance, attendrait de moi le signal convenu pour t'introduire, et tu serais accueilli, sans autre éclaircissement, en ami de la maison. Il est bien convenu que nous jouerions notre rôle avec toute l'adresse dont nous sommes capables, et que nous aurions soin de paraître entièrement étrangers l'un à l'autre. De cette manière, je pourrai apprécier ce qu'il y a de réel dans ces merveilleuses sympathies dont tu me parlais tantôt; car rien ne t'empêchera, sinon de voir Cécile, au moins de l'entretenir avec liberté, et j'espère que tu n'auras pas beaucoup de peine à la reconnaître sous son déguisement de fiancée de Montbéliard.

— Elle est déguisée en fiancée de Montbéliard, dites-vous ? En fiancée de Montbéliard ! serait-il possible ?

— Eh bien, oui, en fiancée de Montbéliard, continua-t-il sans prendre garde à mon agitation, dont il ne soupçonnait pas le motif. Cela est de bon augure, n'est-il pas vrai ? Mais ce costume est si gracieux, il a tant d'attrait pour les jeunes filles, que plus d'une de ses compagnes pourrait l'avoir choisi comme elle. Dans ce cas, tu la distingueras des autres à un petit rameau de myrte séparé de son bouquet qu'il lui a pris fantaisie d'attacher sur son sein, et auquel je dois la reconnaître moi-même.

Cette seconde circonstance, qui me rappelait si vivement une des particularités de mon songe, me causa une nouvelle émotion ; mais je parvins à m'en rendre maître, et je ne répondis à la proposition de M. Savernier que par les témoignages de la plus tendre reconnaissance.

Une heure après, il avait exécuté son projet dans tous ses points, et j'étais auprès de Cécile. Je la distinguai aisément aux indices que son père m'avait donnés. Il me sembla même que je l'aurais reconnue sans cela. De son côté, elle avait manifesté quelque émotion à mon approche, et, quand j'eus obtenu la permission de prendre une place qui était restée libre auprès d'elle, je crus m'apercevoir qu'elle tremblait.

— Excusez, lui dis-je, une témérité que le masque et le déguisement expliquent au moins un peu. Étranger ici à tout le monde, je vous importune probablement du voisinage d'un inconnu, et je doute beaucoup que mes traits vous rappellent un de ces souvenirs qui donnent matière aux entretiens malicieux du bal masqué.

— Je ne comprends pas ce genre de plaisir, répondit-elle, et je n'imagine aucune circonstance qui puisse m'inspirer la fantaisie de m'y livrer. Dans tous les cas, vous n'auriez pas à redouter de moi ces petites contrariétés qui occupent ici tout le monde, et qu'on paraît trouver amusantes, car je ne crois pas, en effet, avoir jamais eu l'honneur de vous voir.

— Jamais, lui dis-je en vérité ?...

— Jamais, interrompit-elle avec un rire forcé, si ce n'est peut-être en rêve ; et vous pouvez croire à ma parole, car je suis incapable de feindre ; je n'ai pas même entrepris de déguiser ma voix.

C'était sa voix, en effet, la voix que j'avais entendue plus d'une année auparavant, mais qui n'avait cessé depuis de retentir dans mon cœur.

— Permettez-moi donc, répliquai-je avec chaleur, de chercher entre nous quelque motif de rapprochement qui puisse suppléer aux douces habitudes d'une connaissance déjà faite ; mon nom, ou plutôt celui de mon père, a dû être prononcé plus d'une fois devant vous par le vôtre, et je n'ignore point que c'est à la fille de M. Savernier que je parle. Ce nom serait-il assez malheureux pour n'éveiller dans votre âme aucune espèce de sympathie ? Je m'appelle Maxime...

Et j'avais à peine prononcé deux syllabes de plus, que Cécile tressaillit en tournant sur moi des regards qui semblaient exprimer un mélange d'attendrissement et d'effroi.

— Oui, oui, s'écria-t-elle d'un son de voix altéré, votre

nom m'est bien connu. Il est cher à mon père — et à moi aussi — parce qu'il nous rappelle des souvenirs qui ne s'effacent jamais d'un cœur honnête, ceux de la reconnaissance !... — Il est donc vrai, continua Cécile en s'entretenant avec elle-même, comme si elle avait subitement oublié ma présence, mais de manière à ne pas me laisser perdre une de ses paroles ; ce n'était point une illusion ! tout s'est accompli jusqu'ici ; tout s'accomplira sans doute. Que la volonté de Dieu soit faite !

Et elle tomba dans un sombre abattement où toutes ses idées parurent s'anéantir.

Une de ses mains touchait presque à ma main. Je m'en emparai sans qu'elle fit le moindre effort pour me la dérober. Seulement elle me regarda d'un œil plus attentif.

— C'est lui ! dit-elle.

— Oh ! ma vue ne doit pas vous causer d'alarmes, repris-je en pressant sa main dans les miennes. Le sentiment qui m'a conduit auprès de vous est pur comme votre cœur, et il a l'aveu d'un père dont votre bonheur est l'unique pensée. Vous êtes libre, Cécile, et notre destinée à venir ne dépend que de vous.

— Notre destinée à venir ne dépend que de Dieu, répondit-elle en penchant sa tête sur son sein avec un soupir profond. — Mais vous avez parlé de mon père. Vous l'avez déjà vu sans doute. Il sait qu'à cette heure de la nuit j'éprouve depuis quelque temps un mal inexprimable qui m'étouffe et qui me tue. Je souhaitais si vivement d'en prévenir l'accès! Comment mon père n'est-il pas venu ?...

Quoique le colonel m'eût dit quelque chose de cet accident qui n'inspirait aucune crainte, l'expression de souffrance qui accompagnait ces paroles me glaça le sang. Le père de Cécile s'était d'ailleurs arrêté devant nous au moment même où elle paraissait le chercher dans la salle d'un regard inquiet. Je m'étonnai qu'elle ne l'eût pas vu.

— Je suis près de toi, dit-il en l'enveloppant d'un bras qui la soutint, car elle allait défaillir.

Elle s'appuya sur son sein et y passa un de ces instants d'angoisse qui sont si longs pour la douleur. Une de ses mains, que je n'avais pas abandonnée, s'était d'abord crispée sous mes doigts, et puis elle s'était relâchée et refroidie, comme si elle eût été gagnée par la mort. Je poussai un cri de terreur.

Les amies de Cécile s'étaient

empressées autour d'elle ; et, dans les soins qu'elles lui prodiguaient, elles avaient dérangé son masque. Hélas ! tous mes doutes étaient dissipés ; mais une pâleur effrayante couvrait ces traits si chers à ma mémoire. Je sentais la vie près de m'échapper aussi, quand Cécile respira, releva son front et fixa ses regards sur les personnes qui l'entouraient.

— Ah ! dit-elle, c'est bien ; je suis mieux, je vis, je ne souffre plus. Je vous demande pardon à tous, et je vous remercie. Cette crise n'est jamais longue, mais j'aurais voulu vous en épargner le souci. Il fallait ne pas venir, ou partir plus tôt. — Et cependant, ajouta-t-elle en se tournant à demi de mon côté, — cependant je regretterais de n'être pas venue ou d'être trop tôt partie. Je n'interromps pas plus longtemps vos plaisirs ; l'air et la marche vont achever ma guérison.

Nous partîmes peu de temps après, et M. Savernier, rassuré, me confia le bras de sa fille. Elle était près de moi, près de mon cœur. Je communiquais librement avec sa pensée ; je respirais son haleine ; je possédais les dix minutes de vie pleine et heureuse que Dieu m'avait réservées sur la terre, et j'en jouissais avec délices, car aucun souci n'en altérait la pureté. Cécile ne souffrait plus ; elle l'avait dit, elle le répétait à chaque pas. Elle marchait d'un pas sûr et léger ; elle paraissait heureuse ; elle riait en parlant de ce mal capricieux, qui ne la saisissait que pour l'effrayer de l'incertitude et de la rapidité de nos plaisirs.

Son père, un bras passé autour d'elle, se félicitait de la trouver si bien, et de pouvoir attribuer le malaise passager qu'elle venait d'éprouver aux fatigues de la danse, ou à quelque soudaine émotion dont il se refusait gaiement de pénétrer le mystère. L'espace que

....

nous avions à parcourir était fort court, et je ne savais pas si je devais désirer qu'il se prolongeât sans fin pour éterniser la pure félicité que je goûtais, ou que le terme en fût atteint plus vite pour rendre plus tôt à Cécile le repos dont elle avait besoin. Nous étions arrivés ; la main de Cécile se dégageait de la mienne, et je ne sais quoi me disait que cette nuit serait trop longue. Je ressaisis cette main qui m'échappait, et je n'osai la porter à mes lèvres ; mais je la pressai peut-être avec plus d'amour, et je crois que la main de Cécile me répondit... La porte s'était ouverte.

— A demain, dit le colonel, à demain ! Demain, le plus beau jour de notre vie à tous, si mes espérances ne sont pas trompées... Mais la nuit est à demi passée ; ce beau demain doit déjà toucher à sa deuxième heure, et Cécile a besoin de dormir longtemps, car sa santé nous a un peu inquiétés aujourd'hui. A quatre heures du soir, continua-t-il en m'embrassant, et cette fois-là nous serons tous trois à table, en attendant mieux. Bien des occupations pourront abréger pour toi le temps qui nous reste à n'être pas ensemble : le sommeil, la toilette et l'espérance.

Ils entrèrent, la porte retourna lentement sur ses gonds, et Cécile me jeta d'une voix émue un adieu que j'entends encore.

V

Le sommeil que mon vieil ami m'avait promis ne m'accorda pas ses douceurs, et je l'attendis inutilement jusqu'au lever du soleil, dans une insomnie inquiète et fiévreuse dont je ne m'expliquais point les alarmes. Il ne me surprit plus tard que pour me faire changer de supplice.

Je voyais Cécile cependant, mais je la voyais comme elle m'était un moment apparue, pâle, défaillante, le front couvert des ombres de la mort ; ou bien elle penchait vers mon oreille sa tête voilée de cheveux épars, en me répétant cet adieu sinistre qu'elle m'avait adressé quelques heures auparavant. Je me retournais alors de son côté pour la retenir, et mes mains ne saisissaient qu'un vain fantôme.

Quelquefois, je sentais ma face comme effleurée par le

vol d'un oiseau nocturne, et quand je m'efforçais de suivre du regard l'objet inconnu de mes craintes, j'apercevais Cécile encore qui s'enfuyait sur des ailes de feu en m'appelant à sa suite.

« Ne viendras-tu pas? me criait-elle avec un long gémissement. Pourquoi m'as-tu laissée partir la première? Que deviendrai-je dans ces déserts, si je n'y suis accompagnée de quelqu'un qui m'aime et qui me protège?

— Me voilà ! » répondis-je enfin ; et l'éclat de ma voix me réveilla.

Le jour était fort avancé. Cette nuit sans fin s'était prolongée de toutes les heures de la matinée. C'était un dimanche ; on sonnait le dernier office à la chapelle catholique.

Je m'étais déjà quelquefois vaguement reproché de n'avoir pas encore reconnu par un seul témoignage de piété le bienfait de ma divine protectrice.

Je me hâtai de gagner l'église et de m'y mêler au petit nombre des fidèles. J'arrivai au moment où le prêtre se rendait à la chaire.

C'était un homme à cheveux blancs, dont la noble figure portait l'empreinte d'un chagrin profond, tempéré par la résignation et par la foi. Il s'arrêta un instant devant moi, et me regarda fixement, comme s'il avait été surpris par l'aspect d'un chrétien étranger à son auditoire ordinaire, ou comme s'il eût été préoccupé, au moment de me voir, d'une impression que je venais retracer à son esprit.

Il soupira, passa, monta à sa chaire, y donna quelques minutes à un acte d'adoration auquel je m'associai par de ferventes prières, se recueillit et parla.

Son discours avait pour objet les vaines espérances des hommes qui ont placé leur avenir dans les choses de la terre, et qui ont compté, pour régler leur vie, sans les décrets de la Providence. Il déplorait l'aveugle présomption de la créature, dont la faible intelligence ne peut comprendre ni les causes ni les motifs des événements les plus simples ; qui ne sait rien du passé, qui ne sait rien du futur, qui ne sait rien de ce qui touche à ses seuls intérêts véritables, aux intérêts de son âme immortelle, et qui se révolte jusqu'au désespoir contre de misérables déconvenues de cette vie fugitive, parce qu'elle est incapable de pénétrer dans les vues secrètes de Dieu.

« Et cependant, ajoutait-il, qu'est-ce donc que cette vie qui occupe toutes vos pensées, pour qu'on attache la moindre importance à ses plus sérieuses vicissitudes ? Qu'est-ce que la pauvreté ? qu'est-ce que le malheur ? qu'est-ce que la mort, sinon d'imperceptibles accidents de position et de forme dans l'immensité des siècles qui vous appartiennent ? Épreuves nécessaires d'une âme mal affermie, ou conditions irrévocables de l'ordre universel, ces accidents qui indignent votre orgueil et qui brisent votre constance doivent concourir peut-être, dans le plan sublime de la création, à l'ensemble de sa merveilleuse harmonie. Ce qui est, c'est ce qui doit être, puisque Dieu l'a permis. Vous ne savez pas pourquoi il l'a permis, et vous ne pouvez pas le savoir ; mais ce que vous ne savez pas, Dieu le sait !... »

Le langage de ce prêtre vénérable était nouveau pour mon esprit. Les méditations dans lesquelles il m'avait plongé absorbèrent tellement mes facultés, que je m'aperçus à peine de ma solitude au milieu de l'église, à l'instant où l'on éteignait les dernières lumières du sanctuaire.

C'était l'heure que m'avait indiquée le colonel, l'heure si impatiemment attendue, l'heure si lente à venir où je devais enfin voir Cécile ! —

Cécile dont je pouvais me croire aimé, Cécile que j'adorais! — Je la nommai à haute voix, comme si elle pouvait déjà m'entendre, et toutes mes idées, toutes les inexplicables inquiétudes dont j'étais tourmenté depuis la veille, vinrent s'anéantir dans le sentiment de mon bonheur. Il me semblait si bien savoir qu'elle était à moi, et qu'elle était à moi pour toujours!

La rue que je parcourais, et que j'avais vue presque déserte la veille, était alors remplie de monde. J'attribuai d'abord cette différence à la solennité du dimanche; mais je ne pus pas m'expliquer pourquoi cette foule, que devaient appeler en des sens différents les loisirs d'un jour de fête, se tenait au contraire immobile, ou se bornait à se former çà et là en groupes silencieux. Comme j'avais hâte d'arriver, je me frayais rapidement un passage au travers de ces petits attroupements, et je n'y saisissais qu'au hasard quelques paroles confuses, dont la plupart ne composaient point de sens suivi.

« Un anévrisme ! disait-on, on ne meurt point d'un anévrisme à cet âge.

— On meurt quand l'heure de mourir est venue, » répondait l'interlocuteur.

Un peu plus loin c'était un jeune homme qui paraissait me porter envie.

« Que ne suis-je à la place de cet étranger, disait-il : du moins il ne l'a pas connue ! »

Plus loin encore, une petite fille parée et voilée, qu'une de ses compagnes écoutait en pleurant :

« A deux heures et demie, en sortant du bal !... Elle avait bien dit qu'elle ne serait jamais fiancée ! »

Une horrible lumière éclaira ma pensée. Je n'étais plus qu'à vingt pas de la maison ; je courus... — Mon Dieu ! tant d'années écoulées n'ont pu affaiblir l'impression de cet affreux moment.

La porte était drapée de blanc ; dans l'allée il y avait un cercueil drapé de blanc. Quelques flambeaux l'entouraient.

— Qui est mort ? qui est mort dans cette maison ? m'écriai-je en saisissant violemment par le bras un homme qui paraissait veiller à cet appareil.

— Mademoiselle Cécile Savernier !

Je tombai sans connaissance sur le pavé, et, quand je revins à moi, par rares intervalles, ma raison m'avait abandonné. Je ne sais combien de jours cela dura.

Cependant mes yeux se rouvrirent tout à fait à la lumière, mais je restai longtemps sans pensée, sans réflexion, sans souvenir. Je venais d'acquérir ou de retrouver le sentiment que j'étais, mais sans savoir encore ce que j'étais : il faudrait rester comme cela.

Quelque mouvement qui se faisait près de moi, le bruit d'un soupir, d'un sanglot peut-être, attira enfin mon attention. Debout à mon côté, je reconnus le vieux prêtre dont j'avais un jour entendu les puissantes et sévères paroles ; il me regardait de l'air impossible d'un juge qui n'attendait plus qu'un mot de ma bouche pour m'absoudre ou me condamner. Plus loin, vers le pied de mon lit, un autre vieillard venait de se lever de sa place, et se précipitait vers moi, en me tendant des bras tremblants.

— Mon père, m'écriai-je en cherchant ses mains pour les porter sur mes lèvres, mon père, est-ce vous ?...

— Il m'a donc reconnu ! dit-il ; vous voyez bien qu'il m'a reconnu ! J'ai encore un fils. Mon fils est sauvé !...

Mes idées commençaient à s'éclaircir, le passé se dégageait lentement de la nuit de mes songes.

— M. Savernier, dis-je à

mon père, M. Savernier ? où est-il ?

— Il est parti, répondit mon père ; il est retourné aux extrémités de l'Europe ; mais le temps affaiblira peut-être sa résolution, et j'espère le revoir encore.

— Et Cécile, Cécile ! repris-je avec exaltation. Cécile est-elle partie aussi ? Cécile, qu'en a-t-on fait ? continuai-je en retenant mon père par la main. O mon ami ! je vous en prie, répondez-moi sans déguisement, car je me sens du calme et de la force. Ne trompez pas mon cœur, que vous n'avez jamais trompé : il y avait ici une jeune fille qu'on appelait

Cécile, je l'ai vue hier au bal, je lui ai parlé, j'ai pressé sa main qui presse la vôtre. — Serait-il vrai qu'elle fût morte ?...

Mon père se détourna en fondant en larmes, et alla se jeter dans un fauteuil à l'autre bout de la chambre.

— Elle est morte, dit le prêtre ; le Seigneur n'a pas permis que l'union à laquelle vous aspiriez pût s'accomplir sur la terre. Il a voulu la rendre plus pure, plus douce, plus durable, immortelle comme lui-même, en la retardant de quelques minutes fugitives qui ne méritent pas de compter dans l'éternité. Votre fiancée vous attend au ciel.

— Eh quoi ! repartis-je en le regardant fixement, vous croyez que le ciel n'est pas fermé à la tendresse des amants et des époux ? Vous croyez que l'amour aussi ressuscitera pour un avenir sans fin, que deux âmes séparées par la mort pourront voler l'une vers l'autre devant le Dieu qui les avait formées, sans offenser sa puissance, et je retrouverai Cécile ?...

— Je crois fermement, répondit-il, que, dans la vie de l'homme, la mort ne met un terme qu'aux erreurs et aux misères de la vie ; je crois que l'âme, c'est la bienveillance, la charité, l'amour ; je crois que tous les sentiments tendres et vertueux que Dieu avait placés dans nos cœurs participeront de notre immortalité, qu'ils en composeront le bonheur immuable et sans mélange, et qu'ils se confondront, sans se perdre, dans l'amour de Dieu, qui les embrasse tous.

— Oh! l'amour du Dieu que vous me faites comprendre, dis-je en mouillant ses mains de mes larmes, est le plus naturel des sentiments de la créature, comme le premier de ses devoirs. Mais pourquoi m'a-t-il enlevé Cécile?

— De quel droit, jeune homme, s'écria-t-il, demandez-vous compte à Dieu de ses volontés ? Savez-vous si, dans le coup qui vous a frappé, il n'a pas eu en vue votre félicité même, et si sa prescience infaillible ne vous a pas ménagé un bonheur qui ne doit cesser jamais, au prix d'un bonheur bientôt écoulé ? Connaissez-vous tous les écueils qui pouvaient briser vos espérances, tous les poisons qui pouvaient corrompre votre miel, tous les évènements qui pouvaient relâcher ou dissoudre vos liens, s'il ne les avait pas mis à l'abri des périls de cette vie passagère ? A compter d'aujourd'hui seulement, la possession de Cécile vous est acquise sans inquiétude et sans trouble, car c'est Dieu qui vous la garde ! Oserez-vous le blâmer d'avoir veillé sur vos intérêts plus attentivement que vous, et de s'être réservé votre avenir tout entier, pour vous le rendre en échange d'une faible et incertaine portion de cet avenir infini, qui vous aurait peut-être fait perdre le reste ?

Quand votre père exigea de vous qu'une année s'accomplît entre le moment où il accédait à vos vœux et celui où la main de Cécile semblait devoir les combler, ne vous rendîtes-vous pas sans efforts aux conseils de sa prudence ?

et pourtant une année est un long terme dans la vie de l'homme, un délai plus effrayant encore quand on le compare à la brièveté de la jeunesse, au cours presque insaisissable de cet âge que le temps emporte si vite.

Voici maintenant qu'un autre père, qui est le père commun de tous, vous impose un délai de quelques années de plus, de quelques mois, de quelques jours peut-être, car la mesure de votre existence n'est connue que de lui, et ce ne sont pas des années, ce ne sont pas des mois et des jours qui payeront ce faible sacrifice ; plus prodigue envers vous, parce qu'il est plus puissant, il vous donne tous les temps qui ne finiront pas. S'il ajourne un instant votre bonheur temporel, c'est pour le perpétuer à travers ces myriades de siècles qui sont à peine les minutes de l'éternité. Tel est le marché que vous venez de contracter, sans le savoir, avec la Providence, et dont une pieuse soumission à ses décrets doit un jour vous faire recueillir le fruit. — Subissez les jugements de Dieu, mon fils, et ne l'accusez pas !...

— Je saurai me conformer à sa volonté, répondis-je d'une voix ferme, et j'en hâterai l'accomplissement par tous les moyens qu'il a laissés en mon pouvoir! Oui, mon père, j'aime à penser que Dieu avait béni ce mariage, et je crois l'avoir appris de Dieu lui-même! je crois qu'il ne m'a séparé de Cécile que pour me la rendre, et qu'il ne nous a pas permis d'être heureux sur la terre, parce qu'il nous réservait pour lui! J'irai vers lui, mon père, j'irai tout à l'heure. Je lui demanderai Cécile, et il me la redonnera!...

— Que dis-tu, malheureux? cria mon père en courant à moi; n'es-tu pas aussi à ton père, et veux-tu le quitter?...

— J'avais, hélas ! oublié, dans mon égarement, que mon père était là !

— Calmez-vous, dit le vieux prêtre en l'éloignant de la main. Ne craignez pas que sa pensée s'arrête à ces résolutions forcenées de l'athéisme et du crime. Le suicide, qui désespère de la bonté de Dieu, calomnie Dieu. Il fait plus que de le nier. Il proteste contre son âme en lui cherchant le néant pour refuge, et il ne trouvera pas le néant, car l'âme ne peut mourir. Tout ce que Dieu a créé vivra toujours, et, si Dieu pouvait lui-même rendre au néant l'être qu'il anima de son souffle, c'est le néant qui serait le châtiment du suicide ; mais le suicide en aura un autre : il saura ce qu'il perd, il comprendra les biens que la patience et la résignation lui auraient acquis, et il n'espérera plus. Les méchants, peut-être, attendront quelque rémission dans l'éternité ; il n'y aura point de rémission pour le suicide, il vivra toujours, toujours, dans un monde fermé qui n'aura plus d'avenir ; il a rompu avec l'avenir, et son pacte ne se résoudra jamais. Entre Cécile et l'époux que son père lui avait donné, il n'y a qu'un petit nombre d'instants qui se succèdent et qui s'effacent l'un l'autre. Il y a l'infini entre Cécile et le suicide...

— Arrêtez, arrêtez, mon père! m'écriai-je en m'appuyant sur son sein. Je vivrai, puisqu'il le faut!...

Et voilà pourquoi j'ai vécu.

Thérèse

Il faut vous dire que, depuis la chute des assignats, le Directoire avait senti plus d'une fois la nécessité de mettre une grande masse de métaux en circulation. Comme il touchait à sa fin, et que les vieilles gens croient tout ce qu'on leur dit, le Directoire, qui s'était laissé dire que la France était extraordinairement riche en mines d'argent, dépêcha sur toutes les anciennes mines du pays des escouades d'explorateurs grassement payés, et qui, bon gré, mal gré, n'ont jamais envoyé une obole à la Monnaie.

Je me trouvai colloqué dans l'expédition des Vosges, où l'on cherche de l'argent de temps immémorial, et dont les *ballons*, coupés de routes splendides, attestent d'immenses et inutiles travaux.

Nous étions tous jeunes,

tous gens de bonne humeur et d'espérance, tous amis de notre devoir et impatients de découvertes. Nos travaux furent zélés et consciencieux, et longtemps même ils ne furent pas sans espoir. Je me souviens qu'il n'y avait pas un de nous qui, au premier coup de marteau, n'eût découvert un filon ; mais ce filon ne menait malheureusement à rien, et les moindres frais d'exploitation excédaient toujours d'un grand tiers les plus brillants résultats. C'était une succession d'extases et de désappointements pour lesquels je n'avais point alors de termes de comparaison. Je me suis aperçu depuis que cela ressemblait à la vie comme deux gouttes d'eau.

Nous arrivâmes au terme des fausses ambitions, au découragement absolu. Il fallait alors épargner à l'État une dépense ridicule ; mais cette défection désintéressée ne pouvait s'appuyer que sur des calculs exprimés avec clarté Je n'avais pas dix-huit ans, et toute ma science se réduisait à quelques bribes de latin, et à la connaissance fort mal approfondie de quelques spécialités d'histoire naturelle, parmi lesquelles la minéralogie tenait une toute petite place.

Mes camarades, qui auraient

distingué à la cassure, à
l'odeur exaltée par friction,
au contact de l'ongle, au happement de la langue, toutes
les substances inorganiques
alors reconnues en géologie,
s'étaient aperçus de bonne
heure de mon inaptitude;
mais ils ne me contestaient
pas un assez joli mérite de
rédaction que je rapportais
fraichement d'une école de
rhétorique dirigée par le bon
et judicieux Droz; et il est
vrai que je traduisais lisiblement leurs pages un peu
confuses, quand je parvenais à
y comprendre quelque chose.
Il fut donc convenu que je
résiderais à poste fixe dans un

lieu central où me parviendraient tous les documents, et d'où je ferais partir toutes les dépêches.

Les employés se répartirent sur les mines; le chef se réfugia, comme c'est l'usage, dans les délices urbaines d'Épinal, et mon poste fut fixé à Giromagny, près du ballon de ce nom, dont les trésors, trop vite abandonnés peut-être, étaient le principal objet de nos investigations. Par un élan de dévouement tout particulier, qui me fut avantageusement pointé sur mes notes de service, je me reportai d'une grande lieue de rayon vers le centre, dans un village qu'on appelle le *Puy*, parce qu'il est exactement à la base de la montagne ou du *Podium*; mais ce n'était ni cet avantage de position, ni cette heureuse rencontre d'étymologie qui m'avaient déterminé dans le choix de mon domicile; je le pense du moins aujourd'hui, car alors je savais à peine ce que c'était.

Vous tous qui avez voyagé en tout pays, et qui n'avez pas vu la gorge romantique du *Puy*, il vous reste un voyage essentiel à faire, et ne craignez pas que j'anticipe sur les sensations délicieuses qu'il vous promet par une de ces descriptions postiches, qui au bout du compte ne peignent rien. En effet, je n'ai jamais senti plus profondément l'impossibilité de peindre.

Quand vous serez arrivés de Giromagny au pied du ballon, à travers cette route étroite, et cependant moins opaque d'horizon que d'ombre et de fraîcheur, comme dit le poëte latin, qui aboutit toujours à cette coupole si pure, qu'on croirait son hémisphère élégant émondé par le ciseau, ou, selon les aspects du soleil, bruni par le polisseur; quand vous aurez franchi ce dédale d'arbustes en fleurs, jetés au travers d'un lac de verdure fraîche, soyeuse, émaillée,

égayée par un ruisseau dont les reflets d'argent rient en bondissant jusqu'à la hauteur de la pelouse qui le cherche...
— Hélas ! description, que me veux-tu ? — Vous tous, disais-je, qui avez voyagé en tout pays, et qui n'avez pas vu la gorge romantique du *Puy*, quand vous serez arrivés de Giromagny au pied du ballon, vous conviendrez qu'il vous restait à voir plus que vous n'aviez vu.

Mais il aurait mieux valu y aller en 1799. Ce qui m'inspirait pour le Puy, à moi, une prédilection si marquée c'était l'impression toute récente d'une promenade que j'y avais faite

quelques mois auparavant,
dans la ferveur de mes recherches entomologiques, à la
poursuite de deux magnifiques
insectes vosgiens, la *lamia
edilis*,, et la *lamia Schæfferi*, et
dont je n'avais rapporté qu'une
amourette mais une amourette
qui avait bien son prix, car
c'était la première. Cette émotion ineffable d'un cœur adolescent a depuis influé sur ma
vocation littéraire et peut-être
sur les autres. Elle m'a fourni
les principaux détails de deux
de mes *Nouvelles*, dont vous
ne vous souciez guère, ni moi
non plus. Jeune, je goûtais le
plaisir le plus vif à ramener
partout le roman de mon his-

toire ; vieux, je m'amuse encore à retrouver dans mes souvenirs l'histoire de mon roman.

J'avais obtenu un logement au Puy chez l'honnête M. Christ, patriote ardent et sincère, qui figurait depuis dix ans, selon les intermittences favorables à son opinion, dans les fonctions municipales les plus éminentes de l'endroit, et qui était rentré, au grand déplaisir des aristocrates, depuis le 18 fructidor.

C'était un homme à vues droites, mais absolues, qui traçait une idée politique comme un bœuf trace un sillon, et qui marchait hardiment dans ses principes avec l'intrépidité du colin-maillard, à droite, à gauche, au milieu, n'importe et le tout en conscience. J'en ai vu dix mille comme cela. Il avait trois maisons au Puy, et il m'établit dans la maison la plus éloignée de celle où il habitait, parce qu'il avait autant de filles que de maisons, et que ses filles étaient très jolies. Je le savais fort bien, et, toutefois, il n'y en avait qu'une qui produisît sur moi ces agitations bouleversantes qu'on sent mieux à dix-huit ans qu'on ne peut les exprimer à quarante-cinq.

Comme ce prestige opiniâtre et délicieux désordonnait mes

facultés d'une manière assez préjudiciable à mon service, j'aurais eu lieu de m'applaudir d'être placé le plus loin possible du sujet habituel de mes distractions, si la pensée ne m'en avait suivi partout.

Ma petite chambre au rez-de-chaussée, que je décrirai volontiers pour me dédommager de n'avoir pas décrit à mon aise le vallon élysien du Puy, était un parallélogramme étroit, horizontal à la cour, et clos en devant de sa porte vitrée et de sa large croisée à petits carreaux à losanges, comme c'est l'usage en Alsace. Au-dessus de cette croisée régnait une immense table de bois de frêne peinte au noir de fumée, sur laquelle j'étalais mes documents et mes copies.

Le fond de ma loge était une alcôve à portes de bois bien fermantes, dont une des extrémités communiquait en dedans avec une espèce de cabinet de toilette, et l'autre avec un prie-Dieu. Si jamais on transporte ma chambre sur la scène, dans une de ces compositions à la mode dont tout le monde peut devenir le héros à son tour, je supplie le décorateur de ne pas oublier que son intérieur était à demi tapissé d'un papier gris de perle, fort boursouflé et fort poudreux, zébré de larges bandes bleu de roi, escortées de petites bandes bleues jumelles. On ne saurait être assez ponctuel dans des matières de cette importance.

Je me levais ordinairement à six heures du matin (c'était à la fin de mai), pour mettre au net je ne sais combien de belles observations dont l'Institut ne se souciait guère, et dont le Directoire ne se souciait plus.

A sept heures on m'envoyait ma boîte de crème du ballon, tantôt par un domestique, tantôt par une des filles aînées du père Christ et alors je travaillais jusqu'à midi ; quelquefois par Thérèse, qui était la cadette, et alors je ne travaillais plus. A midi, je dînais chez le père Christ, et les femmes n'assistaient point à ce repas. Heureusement il était très court. Je rentrais chez moi ; je reprenais Saussure, et Bergmann, et Wallerius, et mes manuscrits, et je copiais, j'analysais, je compilais le reste du jour, non sans voir quelquefois étinceler sous ma plume des traits brillants comme un regard, et dont le jeu éblouissant était bien plus difficile à définir que les iris capricieux de mes métaux. Inutilement je les voulais chasser de la pensée et du geste ; ils revenaient toujours et glis-

saient toujours sur mon papier
en sillons de feu.

Cela m'arrivait surtout quand
Thérèse était venue le matin
et qu'elle avait appuyé sa main
sur mes livres, ou renversé en
jouant ma poudre d'or dans
mon encrier. Si mon éducation
philosophique n'avait pas été
faite, j'aurais cru que cette
jeune fille était magicienne;
mais je ne croyais pas à la
magie, et c'est tout ce que ma
philosophie m'avait fait apprendre ou tout ce qu'elle m'avait
fait oublier.

J'avais deux ans de moins que
Thérèse. Elle était vive et cependant réfléchie. A travers sa
mobilité même, on voyait ap-

paraître quelque chose de sérieux et de puissant. Il y avait en elle de quoi faire une femme ravissante et un homme résolu. Enfin ce regard qui me fascinait manifestait souvent d'ailleurs une pensée empreinte de tristesse et de fatalité, rapide, fugitive, inexplicable, et promptement éclaircie par un rayon de gaieté, mais qui ne pouvait pas échapper aux miens, car je la regardais toujours.

Moi, je n'étais qu'amoureux et timide; et la disproportion relative de notre âge, que la différence de sexe rendait assez considérable, lui donnait sur moi un étrange ascendant. Nous nous aimions beaucoup, nous nous aimions sincèrement, mais elle avait sur moi l'avantage de savoir comment, et je ne m'en doutais pas du tout.

Aussi elle me tutoyait sans façon, usage que les habitudes républicaines de la maison de son père, la simplicité des mœurs du pays, le souvenir surtout de m'avoir vu plus jeune, ou, si l'on veut, plus enfant, lui rendaient naturel et facile; et, quand elle ne me tutoyait pas, je pensais qu'elle était fâchée. Je la tutoyais de mon côté, mais plus rarement et avec moins de confiance, parce qu'elle m'en imposait tellement quand elle était là, que

....

sa présence si désirée, sa présence, qui le croirait? m'en paraissait quelquefois importune.

Un matin qu'en jouant derrière ma chaise, et en laissant flotter à dessein sur mes yeux les longues boucles de ses cheveux d'un blond doré, elle avait noué à plusieurs tours entre ses doigts un ruban de velours noir passé autour de mon cou...

— Qu'est-ce que cela, monsieur? me dit-elle avec le ton de voix le plus sévère qu'elle eût jamais pris; auriez-vous déjà, jeune comme vous êtes, des souvenirs d'amour? Est-ce un gage? est-ce un portrait?...

— Non! lui répondis-je en tirant de mon sein une petite croix d'acier qui y était suspendue ; c'est une croix bénie à la châsse de Saint-Claude, et que ma tante Éléonore, la bénédictine, m'a donnée à mon départ, en m'assurant qu'elle me préserverait de tout danger.

— De tout danger! reprit Thérèse en relevant sa tête et en la laissant retomber sur ses mains. De tout danger !... Et quel danger peux-tu craindre, toi, pauvre et doux jeune homme que personne n'aura jamais le courage de haïr ? De tout danger ! le crois-tu ?... M'aimes-tu, Charles, m'aimes-tu ? Donne-moi cette croix.

— Elle est à toi ! m'écriai-je à ses genoux..., et à compter d'aujourd'hui, quel danger ne puis-je pas braver ? Elle est à toi, ma croix d'acier, comme moi, comme mon cœur, comme ma vie !... Prends ta croix de fiancée !...

Thérèse comprit alors, pour la première fois sans doute, que je m'étais trompé sur les sentiments qu'il m'était possible d'attendre d'elle. Cette impression même dut suspendre quelque temps le cours de ses idées, car elle me fit attendre sa réponse, l'essaya, l'interrompit, et l'articula enfin d'une voix altérée :

— Votre fiancée ! mon ami... Comment pourrais-je l'être, puisque je suis mariée ?...

Je n'ai pas besoin de dire que la foudre serait tombée à mes côtés sans m'étonner, sans me consterner davantage. C'est une phrase jetée en moule, et si infaillible en pareille circonstance, qu'il n'y a pas un lecteur qui ne la supplée lorsque l'écrivain l'oublie.

— Mariée ! depuis quand ?
— Depuis six mois.
— Secrètement ?
— Il le fallait.
— A l'insu de votre père ?

En prononçant ces dernières paroles, qui contenaient moins une question qu'un reproche, et qui me donnaient sur elle une autorité dont le triste besoin de venger mon cœur me faisait goûter amèrement l'avantage, je relevai mes yeux jusqu'à Thérèse, qui était restée debout, et baissa les siens.

— Il le fallait, répéta-t-elle avec une émotion plus sérieuse, et qui avait déjà changé d'objet. Mon père est patriote, et mon mari est émigré.

— Émigré! et marié depuis six mois! Mon Dieu! le malheureux est-il au moins bien caché? Dites-moi qu'il n'a rien à craindre!

— Il est depuis six mois sous la protection du ciel, et depuis un moment sous celle d'une croix d'acier que vous a donnée votre tante, et qui a été bénie à la châsse de Saint-Claude.

— Cette croix d'acier, en effet, Thérèse !... il faut bien que je compte sur sa puissance, puisque c'est du moment où elle a cessé de battre sur ma poitrine que tout mon bonheur a fini. Puisse-t-elle le préserver de ses ennemis, et les malheurs qui l'attendaient ne tomber que sur moi !...

Je me connaissais à peine... je sentais à peine la main de Thérèse qui pressait ma main, ses larmes qui l'arrosaient abondamment. Quand je fus entièrement remis, elle était sortie.

Oh ! que j'aurais voulu n'être jamais venu au Puy ! que j'aurais voulu surtout n'y être jamais revenu !

Par bonheur notre mission tirait à sa fin. Trois jours ne se passèrent pas que je ne reçusse l'ordre de mon départ, et j'étais si pressé de partir, que rien ne me coûtait pour en avancer le moment. J'avais pour mon travail l'infatigable main, la main diurne, la main nocturne du poète, et la veille de ce jour, alors aussi impatiemment attendu qu'il aurait été redouté quelques jours auparavant, deux heures après minuit me surprenaient à ma besogne, quand un cri aigu se fit entendre à ma porte, qui retentit au même instant sous deux ou trois coups brusquement répétés. Je l'ouvris, et je vis Thérèse éperdue se précipiter dans ma chambre, les cheveux épars, les traits renversés, les pieds nus, le corps à demi vêtu d'un manteau en désordre. Tout ce que je pus remarquer, c'est que c'était celui d'un homme. Mon alcôve était ouverte ; elle s'y précipita, et en retira la porte sur elle en me criant :

— Sauvez-moi !

Un frisson me saisit, me glaça tous les membres. Je ne comprenais ni le danger de Thérèse, ni ma position avec

elle au milieu de cette nuit de
terreur dont un orage affreux
augmentait encore les épou-
vantes. La grêle bondissait
sur mes vitres ou s'assourdis-
sait sur leurs plombs ; la foudre
grondait avec un bruit capable
de réveiller les morts ; des
éclairs si multipliés qu'on en
distinguait à peine les intervalles, jetaient sur tous les
objets extérieurs une espèce de
transparent enflammé.

Ma première pensée fut que
la maison du père Christ venait d'être incendiée par le
tonnerre. Tout cela dura si
peu, que je n'eus pas le temps
de former une autre conjecture.
Ma porte se rouvrit. Cette

fois-là je n'en avais pas tourné la clef. C'étaient six hommes armés de fourches et de vieilles lames de sabres, qui m'entourèrent presque avant que je les eusse aperçus.

— Où est le feu? m'écriai-je.

— Où est l'émigré? répliquèrent-ils.

Je devinai.

Le chef de ces perquisitions intrépides m'était, de fortune, fort particulièrement connu. C'était un ancien militaire nommé Jean Leblanc, qui cumulait depuis quelques années les importantes fonctions de garde de nuit, de crieur public, de sergent de la garde nationale, et qui y réunissait l'avantage d'être le maitre Jacques du père Christ et le factotum de la mairie. Comme les honneurs appellent les honneurs, il m'avait servi de piqueur ou de surveillant des pionniers dans le petit nombre d'opérations locales que je m'étais réservées, et j'exerçais sur lui cette espèce d'ascendant que le peuple accorde volontiers à un certain vernis d'instruction qui n'est pas trop gâté par une sotte suffisance.

— Que diable viens-tu me conter d'émigrés, lui dis-je, et où les cherches-tu ? Il faut pour oser te permettre chez moi une pareille algarade à cette heure de la nuit, et pour courir les rues par l'abominable temps qu'il fait, que tu aies au moins triplé ton énorme ration de kirsch de Faucogney. Laisse-moi travailler, au nom de Dieu, car je n'ai pas de temps à perdre avec des fous.

— Je ne suis ni fou ni ivre, mon officier, répondit Jean Leblanc en secouant la tête ; un émigré était caché dans une maison voisine, c'est de notoriété publique. Nous l'avons débusqué il n'y a pas dix minutes, et mes camarades n'ont perdu sa trace qu'à quelques pas de votre porte.

As-tu réfléchi, repris-je, en appuyant fortement ma main

sur son épaule, que le même chemin conduit à la tienne, et que le lit de Suzanne Leblanc, l'aimable et honorée femme d'un homme de ta connaissance, qui ne rentre jamais chez lui qu'au lever du soleil, est un asile plus sûr pour un émigré qui se cache que le cabinet d'un commissaire extraordinaire du Directoire exécutif?

A ces mots, toute la bande partit d'un bruyant éclat de rire, Jean Leblanc excepté.

— D'ailleurs, continua-t-il d'un ton un peu boudeur, mais en évitant de me répondre directement, et comme s'il ne m'avait pas entendu;

d'ailleurs ces lumières que je n'ai jamais remarquées chez vous à une heure aussi indue prouvent assez qu'il s'y passe quelque chose, et que nous n'y sommes pas venus sans raison.

— Elles prouvent, ami Jean Leblanc, que vous raisonnez comme un étourdi. Quand on veut cacher quelqu'un chez soi, on n'allume pas ses chandelles; on les éteint.

Ici les éclats de rire redoublèrent, et je me crus délivré. L'escouade inquisitoriale avait déjà passé la porte, quand un de mes braves s'avisa de dire :

— Pourquoi n'avons-nous pas visité l'alcôve ?

Ils rentrèrent.

— L'alcôve! l'alcôve! cria Jean Leblanc.

— Quoique vous manquiez assez insolemment aux règles de la subordination, Jean Leblanc, et surtout aux lois du pays, qui vous défendent d'entrer de nuit dans mon domicile, pour que je me croie autorisé à vous brûler la dervelle (en ce moment, je me saisis de mes deux pistolets), je veux bien vous donner satisfaction pour mon alcôve. Il y a quelqu'un dans mon lit.

— Ah! ah! s'écria la troupe, nous y voilà!

Je m'appuyai contre l'alcôve,

mes pistolets tournés sur les assaillants.

— Il y a quelqu'un dans mon lit, il y a une femme dont le nom et la vue sont interdits à quiconque de vous n'est pas pressé de mourir à l'heure même. Cependant, pour complaire de tout mon pouvoir à l'ardeur patriotique de Jean Leblanc, je lui permets d'entrer ici avec moi, et de reconnaître aux cheveux et à la main le sexe du prétendu émigré que je dérobe à vos poursuites. Si quelqu'un ose l'y suivre, je le tue.

— Il n'en faut davantage, reprit Jean Leblanc intimidé, qui ne désirait guère moins que moi de voir son expédition mise à fin. Citoyens, restez en dehors.

— Couvre-toi de ton fichu et de tes cheveux, dis-je en ouvrant l'alcôve, et montre ton bras nu à ce héros... — Regarde, Jean Leblanc ! est-ce là un émigré ?

— Bonté du ciel ! reprit-il à son tour en riant à gorge déployée, plût à Dieu qu'ils fussent tous comme celui-ci, les damnés d'aristocrates et de chouans ! la paix serait bientôt faite, au moins de mon côté. Mais n'êtes-vous pas, mon officier, un fier hypocrite, à votre âge, de débaucher ainsi la fleur de nos belles, sans avoir l'air d'y toucher? On ne m'y tromperait, mordieu, pas, continua-t-il à mon oreille. C'est cette pauvre Jeannette du chemin des Paluds que vous avez endoctrinée de vos fines paroles et de vos tons sournois. Je donnerais ma tête à couper que c'est Jeannette la blonde, car il n'y a pas, à dix lieues autour du Puy, femme qui ait le bras si délicat et d'aussi beaux cheveux, si ce n'est mademoiselle Christ!...

A cette réticence, dont la témérité l'épouvantait lui-même, il se mordit le doigt.

— Paix, Jean Leblanc ! gardez pour vous vos impertinentes conjectures, et allez vous assurer, si vous m'en croyez, que l'alcôve de Suzanne ne vous réserve pas quelque découverte plus importante !

Je pensai qu'il m'était enfin permis de respirer. Ils étaient décidément partis ; je mis les verrous. Tout pénible cependant que m'eût paru le cruel embarras auquel je venais d'échapper, je ne sais si le premier moment qui le suivait ne me parut pas plus intolérable encore. On conviendra qu'il y avait dans ce concours de circonstances qui donnaient mon lit pour seul refuge à Thérèse, à deux heures d'une nuit si chargée d'émotions et de terreurs de tout genre, que chaque minute semblait nous isoler davantage du reste du monde, plus de sujets de trouble et de saisissement qu'il n'en fallait pour renverser la tête d'un amoureux de dix-huit ans.

Mon sein palpitait avec une telle violence, que je doute qu'il me fût possible aujourd'hui même où les impressions de cet âge passionné disparaissent de plus en plus effacées par le temps, d'en exprimer les agitations avec une emphase moins lyrique et par une hyperbole moins extravagante que je ne le fis, une année après, dans le petit roman des *Proscrits*. « Il y avait une tempête dans mon cœur comme dans la nature. » Je succombai enfin à cette lutte de pensées violentes mais confuses, à travers lesquelles je ne discernais la possibilité d'aucune résolution fixe, et m'accoudai sur ma table avec une sorte de stupeur morne et muette, où je cherchai à perdre jusqu'à la faculté de réfléchir; je ne peux pas dire combien de temps cela dura.

Tout à coup mon alcôve s'entr'ouvrit, j'entendis des pas qui se dirigeaient vers moi, je sentis les doigts de Thérèse qui se glissaient entre mes mains et mon front. Je me détournai un peu, et je la vis, vêtue de quelques-uns de mes habits, coiffée de ma toque polonaise, qui ne paraissait pas trop large pour sa tête, parce qu'elle y avait rassemblé sa longue et épaisse chevelure, et plus piquante encore que d'ordinaire sous cet accoutrement improvisé.

— Ne penses-tu pas, me dit-elle de ce ton d'aisance et d'abandon que les femmes seules savent prendre dans les moments décisifs, ne penses-tu pas que j'ai des airs de Théophile ?...

Théophile, dont elle me parlait, était un bon petit jeune

homme d'Orléans, que d'excellentes études en minéralogie m'avaient fait donner pour collègue dans notre scienti-

fique expédition, et que je venais de faire partir pour Belfort, où il devait prendre la voiture.

— Cela est frappant, lui

répondis-je en souriant, parce que son intention m'avait saisi d'abord, et vous pouvez rentrer sans danger, avec ce déguisement, dans la maison de votre père. Mais l'infortuné contre lequel je changerais si volontiers mon sort est-il aussi à l'abri de tout danger ?

— Je le crois, reprit-elle ; je ne me suis évadée qu'après m'être bien assurée de son départ ; il a de bonnes armes, un cheval prêt au chalet où je vous ai vu pour la première fois de l'année dernière, et votre croix d'acier passée au cou.

— Dieu soit loué ! m'écriai-je, il faut espérer que cet heu-

reux ouragan le protégera ;
mais il y a encore loin d'ici
au pont d'Huningue, et je
vous avoue que je me confie
un peu plus, pour le salut de
votre mari, à son cheval et à
ses armes qu'à la châsse de
saint Claude et à ma croix
d'acier...

Après m'être assuré de l'extérieur, je la reconduisis et je rentrai plus tranquille. Je dormis.

Jean Leblanc vint me réveiller à sept heures, pour me prier, d'un air moitié humble et moitié rusé, de vouloir bien attester le beau fait d'armes qu'il avait si glorieusement accompli la nuit précédente, et dont personne, en effet, ne pouvait rendre plus pertinemment témoignage que moi-même. Je compris fort bien, à la gauche subtilité de ses expressions, qu'il prétendait me faire acheter sa discrétion à ce prix, et quoique la réputation de Jeannette la blonde eût déjà subi assez d'échecs dans le village pour ne pas mériter des ménagements bien scrupuleux, je fus enchanté de la sauver à si bon marché. Je me souviens même que je pris plaisir à faire de mon certificat une de ces magnifiques amplifications historiques dont le secret commençait à se perdre depuis les *carmagnoles* de Barère, et ne s'est retrouvé dès lors que dans les bulletins.

Si Jean Leblanc a plus tard obtenu quelque décoration honorifique pour ses prouesses, et je n'en serais pas trop surpris, à la manière dont on les donne le plus souvent, ce persiflage aura sans doute admirablement figuré dans son dossier.

Pendant que j'écrivais, mes amis avaient réuni autour de moi leur petite caravane, et se disposaient gaiement à gagner leur pays, avec leurs ustensiles de minéralogistes, leurs boîtes de fer blanc pour herboriser, et leurs filets à papillon. Ma chambre était pleine de monde quand Thérèse y entra.

— Voilà, dit-elle en jetant sur ma table un petit paquet proprement enveloppé d'un linge blanc, quelques effets que M. Théophile avait oubliés chez mon père. Nous, continua-t-elle avec un regard significatif, nous n'oublions jamais rien.

— Et moins Théophile que personne, interrompit un de mes camarades ; je parie que l'étourdi a mieux oublié que cela chez la belle Thérèse, et qu'il y a laissé aussi son cœur, car il ne parlait d'elle qu'avec l'enthousiasme d'un amant !

— Un amant ! s'écria

Thérèse en riant, un amant !
Oh ! mon amant est loin, s'il
court toujours !

Ces paroles, si heureusement
appropriées à la circonstance,
et dont le tour populaire déguisait une communication si
essentielle et si difficile, soulagèrent mon cœur d'un poids
immense. Je n'avais pas besoin
d'en savoir davantage.

Huit jours après, je n'avais
perdu de vue ni Thérèse, ni
l'humiliant et doux penser du
premier amour frustré dans ses
illusions ; mais les événements
étaient de nature à me distraire pour quelque temps de
mon chagrin. Le coup d'État
de germinal venait de changer

encore une fois l'aspect de la France.

Les sociétés populaires se réorganisaient sous le nom de *cercles constitutionnels*, et sous la présidence d'un *régulateur*, assisté d'un *notateur*. La redoutable loi des otages, interprétée comme on interprète ordinairement les lois redoutables, c'est-à-dire de manière à consterner toutes les classes de la société, quoique, dans la pensée du législateur, elle n'en menaçât qu'une, allait être mise en vigueur.

La terreur se réveillait, non pas comme le lion de Billaud-Varennes, ce serait lui faire trop d'honneur, mais comme le tigre dont parlait Vergniaud; les partisans de l'ordre tenaient bon, mais les autres étaient les maîtres. Je tombai à Besançon au milieu d'une bagarre, et j'y fus pris. Je n'étais pas chanceux dans les passions de ma jeunesse.

La liberté me traita comme l'amour; et, bien que je ne puisse pas dire, même aujourd'hui, ce dont je fus accusé alors, je ne dus la vie, dans le partage des voix, qu'à l'humanité d'un jury, dont la rigueur m'aurait épargné bien des misères. Ce n'était guère le temps de me souvenir du *Puy*, de sa vallée enchantée, de ses ruisseaux et de ses nymphes !

Il faut convenir que je gagnai quelque chose à cette escapade, où j'avais joué un si gros jeu sans savoir pourquoi. Il n'y a rien qui attendrisse l'âme et qui la dispose à la tolérance comme le malheur ; mais cette disposition s'accroît dans une proportion incroyable en face de cette cruelle légalité des passions politiques où les peines sont si peu en proportion avec les délits. En temps de révolution, et quel que soit le parti qui domine, si vous cherchez gens d'esprit et de cœur, exaltation sincère, sensibilité sympathique et bonne conversation, faites-vous ouvrir les prisons d'État. Depuis quarante ans on y a vu passer tout ce qu'il y a de généreux en France, et je doute qu'on eût beaucoup perdu si on avait constitué un patriciat national sur écrous au lieu de le constituer sur brevets et sur parchemins.

Disons mieux : les excellents citoyens qui réclament l'abolition de la peine de mort en matière d'opinion (et plût à Dieu que cet effroyable vestige des sacrifices barbares de nos aïeux disparût de notre législation pour tous les crimes, ce serait un grand crime de moins!), ceux-là, dis-je, ne sont pas seulement de vrais philanthropes dignes de la reconnaissance du monde, ce sont encore des philosophes très judicieux et des politiques très profonds. Il n'y a rien qui sollicite le dévouement comme le cri du sang. Tout homme grandit quand il a devant lui la guillotine et le panier.

J'ai vu telle des innombrables victimes de nos discordes et de nos réactions qui ne s'est jamais détournée de sa ligne, parce que l'échafaud était au bout, et qui aurait rebroussé chemin dès le troisième pas s'il s'était agi de l'admonition d'un commissaire de police ou de l'amende d'un écu. Ce qui nous flattait, nous, ce qui nous entraînait irrésistiblement, et je le sais bien, c'était la possibilité, c'était l'espoir de mourir, c'était l'émotion du peuple qui nous regarderait aller, l'idée vague que nous laisserions dans un cœur de femme le souvenir d'enthousiasme ou du moins d'attendrissement qui nous garderait un parti.

La représentation de la mort, pour une cause que l'on s'est accoutumé à croire bonne, en fait oublier le dénoûment ; et puis, quand on a la vanité de son temps ou celle d'un caractère jaloux de célébrité, qu'importe quelle main vous jettera sous les yeux de l'histoire, fût-ce la main du bourreau !

Aussi voyez comme ils meurent, et tuez-les encore, si vous l'osez, les royalistes, les républicains, les impériaux, les *carbonari*, les proscrits de toutes couleurs ! ils font envie à leurs juges.

La réaction de germinal ne s'exerçait que sur les émigrés et sur une génération d'enfants qui ne voulait point de la terreur, par tradition, ou par raisonnement, ou par instinct.

Les émigrés prisonniers furent donc, du premier abord, nos amis naturels; et l'acte d'absolution qui nous rendit à nos parents ne relâcha point cette intimité contractée sous le poids d'une infortune solidaire. Nous continuâmes à les visiter et à les servir de toutes nos forces, quelquefois avec succès.

Il n'y avait rien de plus facile en ce temps-là que d'obtenir des certificats de domicile pour le premier venu dans les villages de nos montagnes, où tout le monde était essentiellement aristocrate, parce que les agents insensés de la démocratie avaient révolté contre leurs principes la classe du peuple la plus intéressée à les adopter, en violentant la conscience religieuse et en persécutant la pensée.

On aurait à peine trouvé un

bon chrétien sous le chaume, qui ne faussât très volontiers le texte exprès des *commandements*, en prenant le nom de Dieu en vain pour racheter la tête d'un proscrit ; et si c'est là un crime devant le Seigneur aux yeux des casuistes, je ne saurais penser que c'en soit un aux yeux de l'humanité. Les conseils de guerre, qui jugeaient sans appel en matière d'émigration, et qui se composaient d'honorables soldats fort prévenus contre ces cruautés injustes et inutiles, ne demandaient ordinairement pas mieux que de trouver un prétexte pour absoudre, et c'était plaisir de les voir renvoyer chaque jour d'accusation un marquis assez maladroitement déguisé sous le masque d'un paysan. Je me souviens à ce sujet d'une anecdote qui donnera quelque idée de cette immense laxité d'indulgence, heureuse compensation de la férocité des lois. Nous avions un compagnon de périculeuses aventures qui s'appelait Léon de B*ll*., et dont la destinée avait été très romanesque.

Pris à Lyon les armes à la main, parmi les débris de la colonne de Précy, et condamné à mort par la commission militaire d'Orange, un défaut de forme ou d'occurence tout à fait providentiel le ramenait dans son cachot du pied de la guillotine, avec la seule expectative d'y monter le lendemain, quand arriva le décret de la Convention nationale qui révoquait ce formidable tribunal et qui annulait ses arrêts.

Comme une charrette bien escortée le traînait avec vingt autres à Paris, devant le tribunal révolutionnaire, dont les pratiques expéditives ne lui promettaient guère une meilleure chance, il s'aperçut un matin, au réveil, que son camarade de chaîne était mort, et il parvint à escamoter le passe-port du cadavre, qui n'en avait plus besoin pour se rendre à son dernier domicile.

L'individu qui venait de prendre ce parti extrême d'une manière si opportune, et qui était un montagnard du Doubs, nommé Antoine Renaud, détenu sans cause, se trouvait porteur d'un nez tellement *démesuré*, qu'on n'avait pas imaginé d'autre expression que celle-là pour le décrire dans son signalement, et par une rencontre fortuite dont le pauvre Léon n'aurait pas été disposé à se flatter dans toute autre circonstance, le nez vraiment extraordinaire qu'il devait aux bontés de la nature justifiait assez amplement cette gaieté bureaucratique pour lui ôter jusqu'aux apparences d'une exagération.

C'était, mais trait pour trait, l'homme du *Cap de nez*, dont le passage à Strasbourg donna tant d'inquiétude à l'abbesse de Quedlinberg et à ses quatre grandes dignitaires. Le voilà donc transféré à Besançon, et rendu à ce qu'on regardait comme sa juridiction naturelle; il ne s'éleva pas une seule réclamation contre l'identité.

Malheureusement notre infortuné Facardin (c'était son son nom de guerre) avait vu le jour dans le Quercy, par quarante-quatre degrés de latitude, et il n'était jamais parvenu à modifier si peu que peu dans sa prononciation la mélopée harmonieuse et richement accentuée de ce beau pays. C'était fait de lui s'il s'avisait de proférer un seul mot devant le conseil. Il se contenta de présenter ses papiers à l'appui de cette configuration caractérisée qui lui servait de sauvegarde, et il attendit la décision de ses juges dans un état de silencieux abattement qui ne coûte pas beaucoup à feindre en pareille situation. Mais sa sensibilité méridionale ne résista pas à la joie imprévue de l'acquittement, et il exclama les expressions de la reconnaissance dans je ne sais quel malencontreux idiome franc-comtois qui n'avait jamais développé tant de souplesse de rhythme et de modulation, si ce n'est tout au plus entre Cahors et Figeac.

Nous frémissions de terreur dans l'auditoire, quand nous vimes les juges prêts à se rouler sur leurs banquettes, et le président se lever en répétant aussi distinctement que pouvait lui permettre une envie immodérée de rire : — L'absolution est prononcée.

Cette histoire m'en rappelle une autre qui est assez analogue et j'en dirai tant qu'il en viendra. Celle-ci concerne un certain graveur de Nantua, nommé Chavan, jeune alors et probablement vivant aujourd'hui, garçon spirituel, industrieux, imperturbable, *artiste* enfin dans le sens spécial que les Genevois attachent à ce mot, et doué, tout au contraire de Léon, d'une aptitude presque miraculeuse à s'approprier les manières, la langue et l'accent de tous les pays, espagnol, anglais, italien, normand, provençal, bas-breton, suivant que la circonstance le requérait; une académie des inscriptions et belles lettres incarnée, une polyglotte qui s'était faite homme.

Depuis deux ans qu'il avait été capturé avec partie d'un régiment allemand, personne n'était parvenu à lui apprendre un mot de français, à lui faire oublier un instant son rôle inamovible de *Kayserlich*. Le froid, le chaud, la faim, la soif, et il était fort altéré, ne se manifestaient en lui, dans ses besoins les plus extrêmes, que par le langage du geste ou quelques articulations incompréhensibles, contre l'impuissance desquelles il manifestait lui-même son indignation par les scènes les plus comiques de désespoir. On le surprenait dans une rêverie, on l'éveillait en sursaut, on le frappait à l'improviste, et son premier cri ne trahissait jamais le secret duquel dépendait sa vie.

Ce n'était que le soir, quand les verrous étaient tournés, et au milieu de nos communications les plus particulières, qu'il dépouillait la lourde et brutale stupidité du pandour pour nous égayer de folies charmantes, et développer devant nous toutes les richesses de sa gibecière encyclopédique. Le jour du jugement arriva. Chavan, les faces plombées, l'œil morne et nostalgique, l'air abruti d'un troupier à demi crétin, s'assit à côté de son défenseur sans lui adresser ni une parole ni un regard. Chavan était dans son identité un accusé important. Il avait était condamné trois fois à mort, comme déserteur à l'ennemi, comme réacteur du

Midi, et comme émigré. Vingt témoins le reconnaissaient sous son nom, et l'autorité de leurs dépositions unanimes pouvait être confirmée jusqu'à l'évidence la plus absolue par le moindre indice de la plus légère émotion qui eût altéré son inaltérable sang-froid. Il les entendit sans sourciller. Son seul moyen de salut était la possibilité de l'existence d'un ménechme parfait né au village de Kircheberg, dans le grand duché du Bas-Rhin, et dont il avait pris le nom et composé l'individualité avec une supériorité de talent mimique propre à faire envie aux plus grands comédiens.

Tout à coup le capitaine rapporteur annonça qu'un heureux hasard venait de faire découvrir, parmi les interprètes du conseil un bourgeois de Kircheberg. Il n'y eut pas un regard qui ne se tournât sur Chavan ; mais Chavan n'avait rien entendu : il puisait une pincée de tabac dans sa boîte d'étain, la transportait avec une lenteur solennelle au-dessus de sa large moustache et la savourait méthodiquement.

A peine l'interprète eut pris la parole pour entrer en conférence avec l'accusé, que la physionomie de celui-ci parut s'épanouir ; une hilarité subite anima ces traits si longtemps abattus, en s'accroissant graduellement jusqu'à l'exaltation, et les paroles se précipitèrent si abondamment sur ses lèvres, que l'oreille la plus exercée à son jargon tudesque aurait eu peine à le suivre.

Ce flux de mots menaçait de ne pas s'arrêter, quand le truchement se retourna vers le tribunal, pour attester que ce soldat était son compatriote, et qu'à moins d'être né à Kircheberg, il n'y avait homme en Allemagne qui pût en parler aussi correctement le patois. Chavan fut mis en liberté avec une feuille de route. Comme il descendait l'escalier il aperçut son interprète, lui saisit affectueusement la main, et lui souffla bas à l'oreille, en français fort net et fort coulant :

— Quand vous écrirez à Kircheberg, mon cher camarade, je vous prie de ne pas m'oublier auprès de votre respectable famille.

Tous nos prisonniers n'eurent pas la même adresse ou le même bonheur. Il en est un dont le souvenir a laissé dans mon cœur une profonde impression de regret. C'était un capitaine de cavalerie, nommé Scheyck, qui avait émigré au commencement de la Révolution avec son régiment, et que les sots dédains de Coblentz, l'ennui de l'inactivité, l'amour de la patrie sans doute, et peut-être aussi quelque changement de principes déterminé par l'âge et par la réflexion avaient décidé plus tard, mais trop tard, deux ou trois mois après les délais de rigueur, à revoir son pays, étourdiment abandonné dans la confusion d'une équipée militaire.

Comme il n'avait point de ressources, il s'était refait soldat, et comme il était brave entre tous les braves, il était redevenu capitaine. Depuis son premier galon jusqu'à sa dernière épaulette, il n'était pas un des degrés de son avancement qu'il n'eût franchi au prix de son sang, et qui ne rappelât dans ses états de service un acte brillant de valeur. Sa mauvaise fortune le fit passer à Besançon, et le hasard voulut qu'il y fût reconnu au spectacle par un de ses anciens subordonnés, qui avait fait plus de chemin et qui exerçait un emploi supérieur dans l'état-major de la place. La loyauté de Scheyck était trop sincère pour qu'il pût essayer de se soustraire à l'explication. Les lois étaient inexorables; il s'y soumit.

Au bout de quatre ou cinq jours qu'avait duré sa captivité, nous nous réunîmes dans sa chambre, comme la veille, à l'heure de communication dont jouissaient les prisonniers, pour y vider quelques verres de champagne. On fut gai, suivant l'usage, de cette gaieté exaltée dont il semble que les murs mêmes du cachot protégent l'expansion. Il y eut à l'ordinaire des toasts, et des chants, et du délire. A quatre heures, un officier entra et demanda si le capitaine Scheyck était prêt.

— Il est prêt, répondit Scheyck, en lui tendant un verre.

Ce malheureux officier venait le chercher pour mourir, et on ne se doutait guère parmi nous que Scheyck eût été jugé le

....

matin. Le capitaine nous embrassa, marcha au *Porteau* en fumant sa pipe, mesura du regard sa place sur la terre, comme s'il avait voulu la marquer dans un bivac à la tête de sa compagnie, commanda le feu comme il aurait commandé un exercice en blanc, et tomba du seul poids de son corps, la main sur le cœur et la face au soleil. Je ne crains pas d'affirmer que la république n'a jamais perdu de plus digne défenseur sur le champ de bataille.

Je n'ai pas encore parlé d'un

de ces émigrés dont les prévenances et les témoignages d'affection me touchèrent d'autant plus, qu'il y avait entre nous moins de cette sympathie qui résulte de l'harmonie des caractères et du rapport des âges.

Il annonçait une trentaine d'années, et nous avions entendu assurer qu'il figurait déjà comme garde du corps dans cet assaut factice du château de Versailles qui prépara les sanglantes journées d'octobre. Ce document de prison, confirmé par une tenue et des manières d'ancien régime, que servaient fort bien d'ailleurs la tournure la plus svelte et la physionomie la plus distinguée que j'aie remarquée de ma vie, l'avait fait surnommer à la geôle le *danseur de la reine*. Hippolyte Dam, plein d'effusion pour moi seul, était avec le reste des prisonniers réservé jusqu'à l'austérité, ou poli à ce point de délicatesse formaliste qui exclut l'intimité même du malheur. Son front blanc, couronné de petites boucles de cheveux châtains rudes et serrés, n'avait jamais fait un pli.

On ne le voyait jamais sourire.

Aucun de nos amis ne s'était trouvé muni plus promptement qu'Hippolyte des pièces indispensables pour se sous-traire à la mort, et, depuis que la diminution progressive des rigueurs légales rendait les exécutions extrêmement rares, son sort avait entièrement cessé de m'inquiéter. J'étais libre, et je n'allais presque plus en prison. Le tour le plus avantageux que pussent prendre d'ailleurs alors les affaires d'un proscrit, c'était de trainer en longueur.

Bonaparte n'avait fait qu'un pas de Fréjus aux Tuileries, et la France, fatiguée de vengeance et d'assassinats, embrassait avec confiance l'espoir d'une amnistie universelle. Je fus donc fort étonné d'apprendre qu'Hippolyte insistât tout à coup, en dépit du conseil lui-même, sur la solution de son affaire ; mais cette impatience ne me fit concevoir d'autre idée que celle de sa sécurité. Je ne m'alarmai point, parce que je n'imaginai pas qu'il eût été aussi pressé si les résultats de sa démarche avaient présenté quelque incertitude, et je m'étais couché fort tranquille sur lui le jour de son jugement. Il était six heures du matin le lendemain, quand la sœur Marthe me réveilla.

Vous vous rappelez tous cette bonne sœur Marthe Biget, la providence des malades, la consolatrice des affligés, la protectrice des prisonniers, l'ange gardien des proscrits, qui joignait, dans sa virile stature, à l'énergie inflexible d'un héros la tendresse compatissante d'une femme et les vertus d'une sainte.

Vous l'avez encore vue, si je ne me trompe, chamarrée par les souverains de l'Europe de rubans, de croix, de médailles, comme une image symbolique de la charité personnifiée, et fléchissant humblement sous le poids de ces magnificences pieuses, en rêvant au parti qu'elle pourrait en tirer pour le soulagement de ces pauvres. Elle n'était pas alors si superbement décorée.

C'était tout bonnement la sœur Marthe en coiffe blanche et en béguin noir, en noir jupon de serge avec le juste pareil, en tablier de toile d'Orange bleue à pois blancs, un petit mouchoir de percale sur le cou, et parée pour toute richesse d'une grosse jeannette d'argent, dont le cœur énorme avait été souvent engagé pour procurer quelque secours à un indigent ou quelque douceur à un condamné.

Je n'avais point de meilleure amie que la sœur Marthe Biget, comme elle n'avait point de meilleur ami que moi, et sa protection, si j'en avais voulu, ne m'aurait pas plus failli en

1814, auprès des rois et des empereurs, qu'elle n'eût fait, quinze ans auparavant, près des gendarmes et des guichetiers. Étrange vicissitude des choses! — Sa visite m'était si coutumière, quand elle avait besoin de faire improviser un plaidoyer gratuit pour un accusé insolvable, que je ne fus pas surpris, à l'ouverture de mes volets, de la voir assise et immobile au pied de mon lit.

— Eh bien, sœur Marthe, lui dis-je, qu'avons-nous à faire aujourd'hui? S'il s'agit de vos émigrés, vous savez que mon nom n'est pas une bonne recommandation pour eux. S'il s'agit de vos déserteurs, je vous ai déjà dit que j'avais juré de ne jamais porter la parole devant le conseil qui a condamné entre mes mains Alleyme et Stevenard, contre le texte formel de la loi.

— Ce n'est pas cela, dit sœur Marthe en essuyant une larme d'un de ses gros doigts; c'est une commission d'Hippolyte.

— Hippolyte ? m'écriai-je : et que veut-il ?...

— Hippolyte ! reprit sœur Marthe avec un regard étonné ; tu ne sais donc pas qu'il a été fusillé hier au soir ?

— Fusillé !...

— A quatre heures un quart.

Il a refusé de faire usage de son passe-port et de ses certificats. Il s'est nommé. M. de Maiche l'a bien exhorté. L'abbé Artaud est venu le voir. Il est mort chrétiennement.

Et en même temps elle me tendait une boîtelette de sapin, dont je faisais sauter le couvercle en grinçant les dents.

J'en tirai un flocon de coton qui enveloppait une croix d'acier, et au-dessous il y avait ce billet :

« Je vous adresse par une voie sûre, mon pauvre Charles, une croix que vous aviez donnée à Thérèse. De tout ce que nous avons aimé, Thérèse et moi, cette croix ne peut plus protéger que vous. Thérèse est morte il y a dix jours, et je vais mourir tout à l'heure. Souvenez-vous de nous deux. »

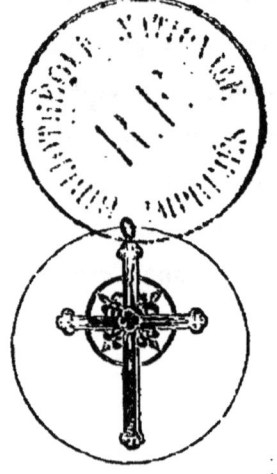

Table

Table

	Pages
La Neuvaine de la Chandeleur	1
Thérèse	

Imprimerie des *Nouvelles Collections Guillaume*
E. GUILLAUME, DIRECTEUR
Borel. — 110, avenue d'Orléans, Paris

Extrait du Catalogue
Des Nouvelles Collections Guillaume

Collection "Lotus bleu"
Format 7 × 14

Prix : 1 franc le volume
Par la poste : 1 fr. 25

A. DAUDET...	*Contes d'Hiver*...	1 v.
ÉMILE ZOLA...	*Pour une Nuit d'Amour*	1 v.
A. DAUDET...	*Trois Souvenirs*...	1 v.
DE GONCOURT.	*Première Amoureuse*	1 v.
A. DAUDET...	*L'Enterrement d'une Etoile*.......	1 v.
J.-H. ROSNY...	*Elem d'Asie*....	1 v.
CH. NODIER...	*Thérèse Aubert*...	1 v.
J. LORRAIN...	*Une Femme par jour*	1 v.
CHATEAUBRIAND	*Le Dernier Abencerage*......	1 v.
A. HERMANT..	*Deux Sphinx*.	1 v.
ÉMILE ZOLA...	*Madame Neigeon*..	1 v.

La Collection *Lotus bleu* publiera des œuvres inédites de Alphonse Daudet, Emile Zola, Ed. de Goncourt, Victor Cherbuliez, Anatole France, J.-H. Rosny, André Theuriet, Paul Margueritte, Frédéric Mistral, Jules Claretie, Pierre Louys, Abel Hermant, Jean Lorrain, etc.

" Collection Chardon Bleu "
Format 7,5 × 15
Prix : 2 fr. 50 le volume

G. KELLER. .	*Roméo et Juliette au Village*	1 vol.
E. RAMBERT .	*La Batelière de Postunen*	1 vol.
CHERBULIEZ. .	*Le Roi Apepi* . . .	1 vol
A. THEURIET.	*Josette*.	1 vol.
CH. NODIER. .	*La Neuvaine de la Chandeleur*. . .	1 vol.

"Collection Papyrus"
Format 8,25 × 16,5
Prix : 3 francs le volume

J.-H. ROSNY.	*Les Origines*. . . .	1 vol.
Textes Originaux.	*Égyptiens et Sémites*	1 vol.
HOMÈRE . . .	*L'Iliade*.	2 vol.

SOUS PRESSE

HOMÈRE. . . .	*L'Odyssée*.	1 vol.

EN PRÉPARATION

Collection " Nymphée "
Format 9,5 × sur 19
Prix : 3 fr. 50 le volume

V. CHERBULIEZ.	*Le Comte Kostia* .	1 vol.

Le Carillon illustré

Bulletin bibliographique des Nouvelles Collections Guillaume

DIRECTEUR	RÉDACTEUR EN CHEF
Édouard Guillaume	J. de Boriana

Administration et Rédaction : 21, quai Malaquais. — Paris.

Abonnements

Le Carillon illustré n'a pas d'abonnés payants, il est envoyé gratuitement à tout acheteur de nos livres.

Pour le recevoir régulièrement, il suffit de détacher cette page que nous ajoutons à la fin des volumes des collections *Chardon Bleu* et *Papyrus*, d'y joindre une carte de visite, et d'adresser le tout sous enveloppe au Directeur du *Carillon illustré*, 21, quai Malaquais, Paris.

Pour recevoir ce qui est paru, ainsi que nos catalogues, ajouter o fr. 25 en timbres pour l'affranchissement.

Les acheteurs étrangers, qui n'ont pas de timbres français à leur disposition, peuvent nous adresser des timbres de leur pays.

Ces timbres, joints à la carte de visite et au feuillet détaché d'un de nos volumes, n'ont d'autre but que d'indiquer le désir de recevoir les numéros parus sans qu'il soit nécessaire d'écrire un seul mot — le dépouillement du courrier est par cela même singulièrement simplifié.

Les timbres étrangers n'ayant aucune valeur pour nous, nous prions nos abonnés d'employer de préférence le *mandat-postal*, le *rouble* ou le *dollar-papier*, quand ils s'adressent directement à nous pour l'achat de volumes.

La Direction
21, quai Malaquais, Paris.

Page à détacher

www.ingramcontent.com/pod-product-compliance
Lightning Source LLC
Chambersburg PA
CBHW050322170426
43200CB00009BA/1429